事例に見る
融資ネタ発見の着眼点

株式会社ハート財産パートナーズ
林 弘明／石田泰一 著

銀行研修社

はしがき

　全国の金融に携わる方の共通した悩みは、どうしたら資金需要を発見し、最適な提案を行い、実際の融資に結び付けるかが、何となく覚束ないことであろう。特に若年融資担当者を多く抱える営業店の管理者層は、自身も含め実務経験のなさを嘆くことが多いと聞く。しかし、長年実務に携わっていると、「ケーススタディー」という実践手法が身に付いてくる。金融機関内には「あいつは融資の組み立てがうまい」という融資名人のような方が、どこでも何人かいるものだが、その手法を分析すると、極めてパターン化した得意ジャンルでの応用であることが多い。つまり資金が売りやすいスキームを体得しており、そこを確認しに行き、パターンに当てはめていくことで実績を上げていることに気付く。

　まさに本書はそこに着眼して執筆している。すなわち、融資の取組成功事例は融資を導入する客体の要望を見事に捉えており、提案さえしてくれれば「待ってました！」とのごとく、面白いように組成が可能となるようなケースを選定した。ただし、同じ手法ばかりでは融資のポートフォリオ的には問題となることが多く、できるだけ多岐にわたる業種や資金使途に分散させることが必要である。そこで本書では全体を5章に分け、極力幅広い層や使途別に縦横無尽に攻め込めるように、実例を中心に構成した。

　ここに紹介する設例は、そのほとんどが実際の事例である。「事実は小説より奇なり」ほどではないにせよ、「目からうろこ」と楽しんでお読みいただければ幸いである。ぜひ最後まで通読し、融資のプロになった気分を味わい、自信を付けていただくことが隠れた狙いでもある。

　それと共に本書のもう一つの特長は、金融業界に限らず「与信」に携わる方の教養を身に付ける目的を兼ねる。不動産・建設業、証券・保険業、FP（フィナンシャルプランナー）、金融業でもリース・ファイナンス業の方などを対象に、与信について金融機関の融資担当者の着眼点を

知ることは、実に意義深いのであろうかと考える。一方で、融資を受ける側の皆様にも、本書はご一読に値すると自負している。それは貸す側の審査のポイントを把握することができるからである。

　日本経済が徐々に明るさを見せているものの、金融緩和環境の中での低金利下において、まだまだ投融資の勢いは弱いと感じる。本書を活用し、地域金融機関が取引先とのリレーションシップの中で、いわゆる「融資のツボ」を発見し、融資先数とそのボリュームを飛躍的に増加させ、景気の起爆剤となっていただければ、著者にとってはこの上ない喜びである。

　平成26年10月

林　弘明
石田泰一

目　次

第1章　運転資金・財務体質改善資金の切り口
（1）運転資金
- <u>1</u>　運転資金の発見と調達形態を工夫した融資シェアアップ･･･8
- <u>2</u>　回収サイト変更というタイミングを見逃さない資金投入法･･10
- <u>3</u>　売上好調情報を先取りした増加運転資金投入への動き････12
- <u>4</u>　決算・賞与の資金需要をいち早くキャッチする資金投入法･･14
- <u>5</u>　他行シェアを注視したランクアップ資金の投入作戦･･････16

（2）財務体質改善資金
- <u>6</u>　決算書の長短アンバランスを発見した財務構成是正資金･･18
- <u>7</u>　金利・期間（償却期間）のミスマッチを発見する投入手法･･20
- <u>8</u>　業況不芳時の滞貨減産資金の需要を発見････････････････22
- <u>9</u>　安全な赤字資金の発見とリストラ性融資の組立て手法････24
- <u>10</u>　事業再生を見極める要注意・破綻懸念先への融資手法････26
- <u>11</u>　個人ローンの「おまとめ」という手法を模倣しての投入･･28
- <u>12</u>　法律改正等からの必要資金の発見･･･････････････････････30

第2章　設備投資・事業合理化効率化投資資金の切り口
（1）設備投資
- <u>13</u>　リースと競合した場合に勝つ一般的な設備資金融資･･････34
- <u>14</u>　介護・福祉・医療など成長分野を見つける融資･･････････36
- <u>15</u>　環境をテーマとする省力化投資に向けた融資････････････38
- <u>16</u>　特殊設備（産業用太陽光発電）などの資金調達を融資で実現･･40
- <u>17</u>　売上増強テーマを捉えた増産対応型融資の着眼点････････42
- <u>18</u>　M&A融資･･･44

3

19	事業多角化のビジネスチャンスを捉えた設備投資支援････46
20	特殊業種（医者・士族・農業等）への融資商品投入手法･･48

(2) 事業合理化効率化投資資金

21	企業のコスト低減を図る合理化投資の着眼点･･････････50
22	人員削減につながる機械化・外注化等の資金需要対応････52
23	設備大量更新時の投資計画を踏まえた資金投入手法･････54
24	企業の福利厚生に着眼した融資セールス手法････････････56

第3章　不動産を切り口にした融資の着眼点

25	不動産融資のメリット　融資先から関連・取引先波及効果－1････････････････････････････････････60
26	不動産融資のメリット　融資先から関連・取引先波及効果－2････････････････････････････････････62
27	不動産資産家へのアパート等収益建物建設提案･･･････64
28	タワーマンションを活用する融資モデル･･････････････66
29	相続時精算課税制度を利用した親子関係ローン組成･････68
30	遺産分割未了共有の売買に絡む融資で「争続」解決･････71
31	リバースモーゲージで老後生活と「争続」も解決･･････74
32	遊休地の目的を考慮した収益不動産建設資金提案･･････76
33	貸宅地整理に伴う融資組成－1（借地人の底地買取り）････79
34	貸宅地整理に伴う融資組成－2（地主の底地買取り）･････83
35	古アパート整理融資(リフォーム・耐震補強・立退費用・改築)･･････････････････････････････････････89
36	高収益物件新規取得による本業赤字会社の債権正常化･･･91
37	廃業提案による不動産運用のリストラ提案･･････････････94
38	地方郊外の広大地を売却して都心の収益物件を取得するメリット･･････････････････････････････････97
39	地主も住み替え可能なアパート併用住宅ローン提案･････100

目次

- 40　収益物件融資を活用した事業承継の円滑化‥‥‥‥‥103
- 41　事業承継と遺産分割対策融資‥‥‥‥‥‥‥‥‥‥‥106
- 42　寺社の持つ貸宅地を活用した融資企画提案‥‥‥‥‥109

第4章　消費性ローンマーケット

（1）個人マーケット
- 43　住宅付随資金需要の発見から生活口座メインを獲得‥‥‥114
- 44　教育に着眼した資金セールスを徹底して世帯取引を獲得‥‥116
- 45　物品サービス購入（車・旅行・介護等）目的ローン販売手法‥‥‥‥‥‥‥‥‥‥‥‥‥‥‥‥‥‥‥‥‥‥‥‥118
- 46　ライフイベントに着眼した富裕層向け大型カードローンの活用‥‥‥‥‥‥‥‥‥‥‥‥‥‥‥‥‥‥‥‥‥‥120
- 47　修繕・リフォームなど再生型個人ローンの販売テクニック‥‥‥‥‥‥‥‥‥‥‥‥‥‥‥‥‥‥‥‥‥‥‥‥‥122

（2）法人マーケット
- 48　役職員への融資による中小企業の増資のすすめ‥‥‥‥124
- 49　社内融資制度のバックファイナンス提案は狙い目‥‥‥126
- 50　提携消費者ローンをショッピングクレジットと対抗‥‥‥128
- 51　地域の個人事業者・消費者向け金融・物融業へのアプローチ‥‥‥‥‥‥‥‥‥‥‥‥‥‥‥‥‥‥‥‥‥‥‥‥130
- 52　主流のオートクレジット・ローンは法人向け個人ローン‥‥132
- 53　不動産・建売業者への資金投入の出口に住宅ローンあり‥‥134

第5章　融資補完制度の活用

（1）各種融資制度の活用
- 54　「創業」には政策公庫・保証協会の創業支援融資を活用‥‥138
- 55　苦境時にはセーフティーネット貸付・保証・再生関連貸付を‥‥‥‥‥‥‥‥‥‥‥‥‥‥‥‥‥‥‥‥‥‥‥‥140

56	制度融資や商工会斡旋融資は保証料・金利補助メリット有 ································· 142
57	大規模災害復興資金・保証 ································· 144
58	雇用の維持・促進を狙う特別な制度融資を探す ········ 146

(2) 他金融・保証機関とのタイアップ

59	流動資産担保融資保証や売掛債権早期現金化支援 ······· 148
60	無担保・無保証という調達を引き出す仕組みと考え方 ··· 150
61	不動産担保金融は専業会社が比較的迅速かつ融通がきく ·· 152
62	前向き・後向きの一時資金にはビジネスローン ········ 154
63	ファクタリングで資金回収と与信枠捻出を両立する手法 ·· 156
64	法人クレジットカードによる経費事務と資金調達効率化例 ································· 158
65	リースの低料率性を見直した大規模投資の可能性を追求 ·· 160
66	少人数私募債など中小企業も「社債」という選択の時代 ·· 162

第1章

運転資金・財務体質改善資金の切り口

(1) 運転資金

1 運転資金の発見と調達形態を工夫した融資シェアアップ

設例 A社は高齢者向け低カロリー弁当を宅配する会社で、購入契約者との口座振替契約による資金回収を試みた。取引条件は前月分を翌月10日に信販会社へ請求を出し、当月27日に同社より振り込まれる。一方仕入決済は前月分を当月25日に振込支払である。

この2日間のタイムラグについて、当初A社社長は約1カ月分の運転資金を地元信金2庫より手形借入で調達して対応した。しかし、口座残高不足で予定日に入金されないケースや、逆に配達の際に集金での支払希望の人がいて、手形調達の不合理性を感じていた。

売上が順調に伸びるなか、そろそろ増加運転資金の検討に入っていた際、突然地元X銀行の熱心な営業担当Y君より、当座貸越の形態で調達を進められた。事務合理化を兼ねて、一行に集約（肩代わり）する提案でアプローチされたのである。

着眼点 企業規模には関係なく、短期運転資金については資金回収と借入金返済の弾力的な運用が決め手となる。設例は、わずか2日間のタイムラグ資金を手形借入という旧態的な手段で調達していたところに、当座貸越という合理的な手法をもって切り込んできたものである。

利便性・合理性に着目

企業の経理担当者は、極力無用な金利を支払いたくないもの。設例では、地元信金より「手形借入」での調達を余儀なくされていたが、手形借入は期限一括返済もしくは短期約定弁済が原則で、特に入金・支払が一定ではない企業には使いにくい。そこに融資提案の着眼点があった。

🐦 当座貸越にも種類があり、最適な提案を

① 口座マイナス方式の当座貸越（個人の総合口座に見られるようにゼロ残高からマイナスにして借入状態となるもの）
② 専用当座貸越（手形や証書の形態によらず当座貸越票により融資専用口座から資金交付を受けて借入調達・随時返済が可能）
③ カードローン方式（キャッシュカードを交付し、ATMで借入・返済を随時行ってもらうもの）

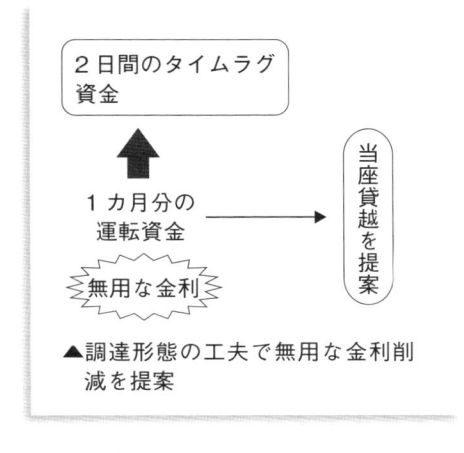

これらが当座貸越の種類である。手形貸付や証書貸付より法的拘束力や担保力には弱いが、弾力的な調達・返済が可能なために、小規模企業や入金・支払の予定が立てにくい企業には好評となる。さらに印紙税負担も軽減される。本例でも①～③はいずれも可能であると思われ、まさに企業の意向吸収ができていたからこそタイムリーな提案ができたのである。

🐦 有利な調達形態を導入するタイミングでシェアアップ

X行では、A社が業績好調でそろそろ増加運転資金需要がありそうだ、というタイミングを見計らい提案したものである。当然、取引メリットの組み立てはしっかりと行うべきで、既存信金の肩代わりについて、調達形態の合理性や事務効率化を強調すれば、金利等取引条件をダンピングすることなくアプローチができる。

A社としても、当座貸越であれば金利水準を気にすることなく、自社で弾力的に借入・返済を行えるメリットがあり、X行の提案は時宜を得ていたといえよう。

(1) 運転資金

2 回収サイト変更というタイミングを見逃さない資金投入法

> **設例** 店頭営業課のＸ課長は、このところのインターネット振込の普及で取引先との関わりが少なくなっていることを懸念していた。いつも月末日近くに総合振込を持込みする当店融資先文具卸売業Ａ社社長が最近来店しなくなったのを気にして、このたび取引元帳を閲覧したところ、何とインターネットで月15日の支払に前倒しの変更がされていたのである。
> さっそく融資課のＹ代理に連絡し、Ａ社の支払・回収条件を精査したところ、上記の件とは別に、Ａ社において最近新規で販売取引が始まった会社（Ｂ社）があり、Ｂ社の場合、従来の取引先より１カ月間回収サイトが長く、その分の流動性資金が減少していることが判明した。そこで、他行に先駆けＡ社へ資金調達の打診を行い、運転資金の申し出となった。

着眼点 取引先１社ごとに、支払・回収の条件は異なり、仕入・売上の増減とは関係なく、取引条件の変動により、資金需要が発生する。本例は店頭営業課長の問題意識から、特定の会社の取引条件の変動を発見したもの。融資担当者なら取引先調査により、こうした融資の切り口を見つけられるであろう。

資金需要は月仕入高と月売上高（月商）の条件に着眼

本例では、理論値として月仕入高×半月（15日）分の仕入資金調達の増加要因が計算され、また売上高の増減がないものとした前提で、Ｂ社向け月売上高×１カ月分の回収資金立替資金需要が認められる。

A社の場合、月仕入高が6,000万円ならば6,000万×0.5カ月＝3,000万円、後者でB社向け月商2,000万円ならば2,000万円×1カ月＝2,000万円で、合計5,000万円の資金需要要因が判明され、資金セールスが可能である。

立替期間をマクロで捉える融資セールス手法

　設例のように、総合振込のタイミングや個別取引先の取引条件変更というミクロの情報から入る資金セールス手法もあるが、立替運転資金とは、全取引先の月商に平均立替月数を掛け合わせたものが、必要運転資金ボリュームとなる。

　融資担当者は、決算分析の際には必ず仕入・販売の月商と立替月数の最新情報を吸収し、必要運転資金を見直す。その際、他行取引とのバランスを見て、シェアアップを図る。そしてヒアリングを続けるうちに、新しい取引先の出現や、大きな取引条件変更を察知したら、再び運転資金の見直しを行う姿勢が肝要である。本件ではいいタイミングでの融資セールスが成就し、手形貸付で5,000万円の一行調達に成功した。

店頭営業課での気付きも融資ネタ発掘の重要なルート

　本件では、X課長の気付きも重要な成功の要素である。総合振込明細の大きな変動は、仕入に関することになるが、一方で被振込や代金取立手形、その他の現金・小切手回収分の変動を、店頭のみならず為替係や当座係との連携により見ていくと、売上高の変動という形で把握することが可能である。また定例で入るものが突然なくなるなどの変動は、融資保全の重要な情報ともなる。

　これらはシステムを駆使しても、把握することがなかなか難しい情報である。業務推進センスが問われる問題として、日頃の研鑽とともに、渉外席との良好なチームワーク・コミュニケーションが重要と捉えるべきである。

(1) 運転資金

3 売上好調情報を先取りした増加運転資金投入への動き

> **設例** A社は地元で外構工事を請け負う建築業で業歴50年の歴史を有する。二代目社長B氏はこのところの自然災害の多さに、受注工事がこなせず悩んでいた。地元商工会からも大雪による雪害の普請工事がどんどん舞い込む状況。
> 　商工会の会合に参加していた地元信金のX支店長はその話を聞き付けるや、早速A社を訪問してヒアリングをした。A社の最大の悩みは下請けの大工職人が東北の復興へ出かけていき、通常の外注費では職人を集められなくなっているということ。人件費の高騰が受注を消極的にしており、下請企業からも選別されているとのことであった。
> 　X支店長は部下に受注可能性工事を聴取するよう命じ、商工会からの斡旋融資の形で、地元への増加運転資金投入の形でA社を応援しようと決意した。

着眼点　地元の情報を商工会という公の場で察知するや、すかさず増加運転資金投入に結び付ける好事例。着眼点は、言うまでもなく確かな情報収集ルートにあると言えよう。その上で、受注残高や内容を精査することにより、確認すべき情報の精度を上げることがポイントである。

前向きな情報は、風評を含めて公の場から聴取が可能

　本件のポイントの一つに「商工会」情報という、信頼できる筋からの情報を支店長自らが会合の場で吸収していることである。
　いい情報はアンテナを高くしていると、自然に吸収される。人脈を活かし、公職に就いていると、そういう前向き情報には迅速に対応できる

機会がある。情報の確からしさは、地域の人脈が教えてくれることが多いものだ。

🐦 増加資金といえども、回収という保全の裏づけを

地元企業が業績好調である場合には、確かな地元からの信頼に支えられていることが多く、いわゆる回収に懸念が生じるケースは少ないものである。しかし本例の場合、業績好調情報を聞きつけるも、受注可能性工事の内容信憑性や、職人の集め方などの確からしさ、その価格水準などを調査・研究しようとする姿勢が重要であったと言える。

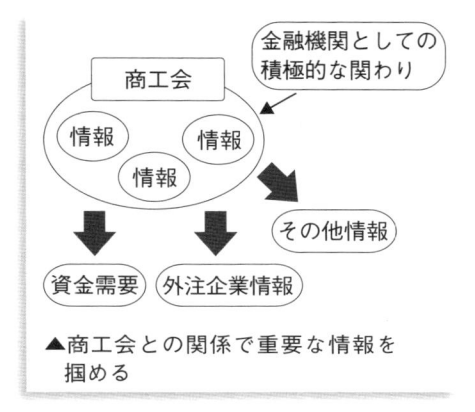

本件の本質は、工事材料の事前購入に加え、最大のポイントは職人を集める先行人件費の投入が、果たして工事完了時に確実に回収に結び付くかの点である。そこで、商工会斡旋融資の形にして、取引先が商工会会員であることをベースとして確実な先で組成しようとしているのであり、組み立て力も非常に良かった点であると言えよう。

🐦 「地元」というキーワードで資金トレースをしっかり管理

本例は結果的に地元での普請工事ゆえ、回収には懸念なしとのことで、増加運転資金として保証協会付無担保で3千万円の投入に至った。内訳は材料費購入に2千万円、職人先行運転資金に1千万円である。商工会のネットワークを活用し、隣地地区を含む商工会の下請け企業の紹介と応援を得て、受注を思うように獲っていけたのである。

商工会としても、地域の雪害からの復興は重要なテーマであり、斡旋融資の形で保証協会の保証を得ての融資で支援したこと、資金の流れも商工会ルートであり判明していたことが、成功の大きな要因である。A社は、この融資で今期の売上高は昨年比2倍増となる見通しとなった。

(1) 運転資金

4 決算・賞与の資金需要をいち早くキャッチする資金投入法

> **設例** 東京都下のベッドタウン駅前に、立食のフレンチレストランをオープンして、早1年。業績は今のところ順調に推移しておりオーナーのAさんは強気の姿勢を崩していない。
> 　従業員定着を目指し、賞与支給を画策しているが、業種が業種だけに各金融機関は慎重姿勢である。なお、当社の財務状況は、投資資金を1年目で回収完了しており、累積赤字は1年目でクリアにしている。
> 　地元地銀のX銀行は前向き姿勢を示しているものの、担当のY君は今後の当社の成長を見極めたく、Aさんに今後の収益予測を要求した。その結果、十分手応えのある計画と見たX銀行は賞与資金の満額回答をした。

着眼点　懸念ある業種ながら、創業の累積赤字を一掃して伸び盛りの企業に対する積極支援姿勢の一例。タイトルの「いち早くキャッチ」とはこの新興企業の取込みに他ならない。決算賞与資金とは約半年の収益弁済の可能性を審査する融資形態であり、それに問題がなければ積極姿勢はあり得る。

しっかりと返済余力を計測

　ポイントは、賞与引当金の積立可能性の査定がしっかりとできるかである。そのほか、決算資金については利益に対する税金支払能力の査定が必要である。
　金融機関としては、業種の特殊性に左右されることなく、冷静に上記の返済余力を計測することが重要である。

🔖 決算資金は税金キャッシュフローを半年でクリア

税金は決算期の利益金に対し、累進税率を掛けて算出される。試算表ベースでは減価償却費が反映されていないことが多いものの、それらを調整すれば大体の納税額が算出できるから、事前に試算表を徴求して備えることが肝要である。

予定納税を想定すれば、半年に一度利益金の50％で納税額を把握し、償却前利益で納税資金が半年で完済できるかを見極めることがポイントである。

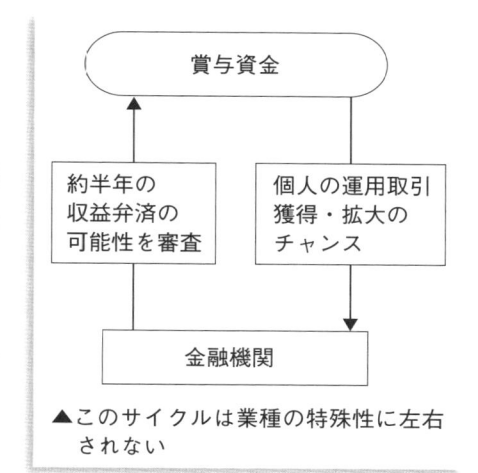

なお、Aさんが青色申告事業者の場合には過去の赤字分の損金算入が認められることも見逃してはならない。

```
          ┌─────────────┐
          │   賞与資金   │
          └──────┬──────┘
         ↑      │
  ┌──────────┐  ┌──────────┐
  │ 約半年の  │  │個人の運用取引│
  │ 収益弁済の│  │ 獲得・拡大の│
  │可能性を審査│  │  チャンス  │
  └──────────┘  └─────┬────┘
                      ↓
          ┌─────────────┐
          │   金融機関   │
          └─────────────┘
```

▲このサイクルは業種の特殊性に左右されない

🔖 賞与資金は従業員取引深耕のチャンス

伸び盛りの企業では、従業員数はパートタイマーを含めて増加基調となる。

経営者は福利厚生の充実に注力しているならば、財形や投資信託など個人の運用取引を獲得・拡大するチャンスは十分あると見る。

給与振込などを元受で獲った場合には、役職員宛ての振込明細を入手できることとなり、できたら職域での運用取引勧誘の機会を得られるように職域工作をかけるべきである。

賞与資金を融資している金融機関には、従業員もそれなりの好意を感じているものであり、それが好影響して次期次年度へと継続できることが多い融資となる。

(1) 運転資金

5 他行シェアを注視したランクアップ資金の投入作戦

設例 A社は中堅建設会社として、県内のB市、C市、D市に3カ所の営業本部を置く。それぞれの地域では金融機関と親密な関係を築き、売上は低成長下でも順調な伸びを示している。

D市に本拠を置くX銀行は積極的にA社に情報を提供しているが、最近徴求した借入残高表で異変に気付いた。借入金について、これまでのB市4：C市3：D市3という不文律的なシェアが崩れていたのである。

これはC市地区のY銀行が大型プロジェクト資金を出したためで、一時的であるが、4：4：2のシェアに塗り替えられていた。

X銀行ではその劣勢を取り返すべく、さっそく役員外交により、ベースの長期運転資金の借り換え分でシェア修正を申し出て採択され、今期3億円の実行にこぎつけた。

着眼点 取引先企業は金融機関との良好な関係を保つ必要上、融資ランクにはことさらに気をつかう。そこが狙い目であり、営業情報面で応分の協力を果たしていれば、シェア調整は比較的聞き入れやすいわけで、本件はその手法を活用した投入作戦であると言える。

日頃の営業努力を冷静に評価されている

X行の場合で言えば、D市営業本部のメインバンクとして、常時営業情報を提供し、親密な関係を築いていたことが奏功したのである。

おそらくは、X行の融資シェア修正がなくとも、自律的に調整がなされたのかもしれないが、それを積極姿勢で申し出て、すみやかな攻撃を

なしたことが、比較的早い結論となった決め手であろう。

👉 **借入残高表の細かな徴求により動態変化を把握する**

借入残高表は定期的に要求することが肝要である。見るべきポイントは次の4点である。

① 新規金融機関が参入していないか（新規取引には必ず理由があり対処すること）
② 長短のバランスに変化がないか（バランスが崩れていると資金繰りに影響していることを見抜く）
③ 約定弁済が進んでいる場合、担保余力を見ながら借り換え資金需要がないかチェック
④ 他行とのシェアはどうか（攻める立場からは肩代わり銀行＝標的の発見を行う）

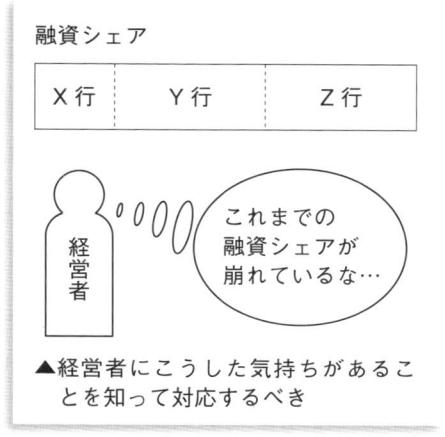

融資シェア

| X行 | Y行 | Z行 |

経営者「これまでの融資シェアが崩れているな…」

▲経営者にこうした気持ちがあることを知って対応するべき

本例では、伝統的な地域銀行のボリュームバランスが崩れてきたことを発見し、プロジェクト資金ではないベース資金で調整を図ったのである。

👉 **融資シェアだけでなく、預金や基盤取引をチェック**

預金ボリュームとは①固定性、②流動性の2つを指す。

特に②については決済パイプ（支払手形・小切手・総合振込等）の大きさに左右され、ボリュームが大きいと手数料収益もほぼそれに呼応して大きくなる。①の固定性は融資保全面に影響する。

基盤取引も内国為替・外国為替のほか従業員取引があげられ、すべて金融取引の収益の源泉となるべきものであり、極めて重要である。

(2) 財務体質改善資金

6 決算書の長短アンバランスを発見した財務構成是正資金

設例 最近、出版業 A 社の流動性預金が平均残高で 300 万円程度に低迷していることに不審をもった融資担当の X 君は、A 社を訪問して試算表を徴求した。判明したのは、A 社の新しい本社用地として駅裏の土地 25 坪を近隣の Y 信金の無担保手形貸付枠により 4,000 万円で購入していたことであった。

この手形貸付枠は短期 1 年の約定弁済付で決算・賞与資金や臨時の支出用にとっておいたものであるが、不動産の売り物が出たので A 社は取り急ぎ資金調達のために、これに手をつけたのであった。

試算表上では短期借入金と土地勘定が互いにバランスしているが、借入金の返済（月 500 万円）で現預金が急速に減少していく構図なのである。X 君は、当行での資金繰り安定化の提案を申し出た。

着眼点 財務指標で言えば、「固定長期適合率」が急激に上昇した局面である。収益を生まない土地を短期借入金で購入すれば、資金繰り上では現金で購入したに等しく、財務上不健全である。流動性預金の状況や試算表徴求によりアンバランスを発見できれば、資金セールスにつなげることができる。

💡 財務上の運用の目的に応じた資金セールス提案を

本例の場合、土地購入資金であり、極力長期借入金で調達することが望まれる。そして、その土地上に本社屋を建設することになるから、その分も含めて資金の調達形態がふさわしいかどうか、併せてヒアリングを行うことが肝要である。

本件では建物建設資金を含めた総額1億円・20年返済の借入案件に組成され、Y信金の短期借入金の肩代わりが実現した。

🔔 本件融資については減価償却前利益で償還が可能か

A社は出版業であり、高収益企業である。償却資産はこれまで持たなかったが、経常利益2,000万円程度をコンスタントに計上している。今回の本社建築は鉄骨造2階建てであり、減価償却期間は30年、建物建設資金は総額6,000万円であるから、毎年の減価償却費は200万円（a）。

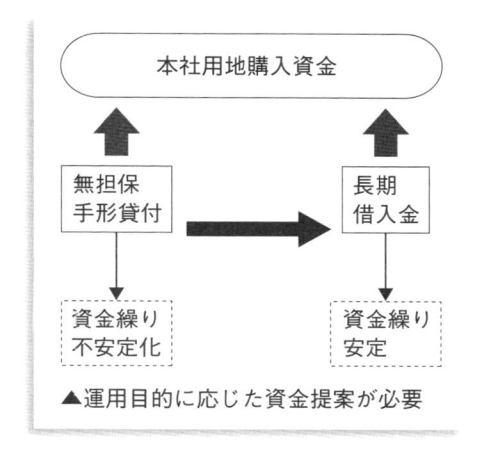

経常利益より税金（税率50％の計算）を控除して収益による返済原資は1,000万円（b）。

a＋b＝1,200万円が返済原資となるが、借入金返済は毎年500万円であり、余裕700万円の状態と査定され、当初の借入金利を考慮しても、安全な状態と判断される。

🔔 運用が短期であるが、調達が長期というアンバランス

なお、本例とは逆に、しばしば、短期資金需要に対して、長期資金が恒常的に投入されているケースを見受ける。

この場合、資金繰り（キャッシュフロー）は安定し、財務の健全性は保たれる。しかし、本来区切りある取引を行い、借入金を弾力的に使うべきであるにもかかわらず、恒常的に長期借入金が漸減している状態になるから、低収益企業の場合、借入金利負担が問題となるケースがある。このような場合は、企業の実態を見極めて、短期借入金を活用した改善提案も有用となる。

(2) 財務体質改善資金

7 金利・期間（償却期間）のミスマッチを発見する投入手法

設例 X信金では融資の地域シェアNo.1を目指し、地元名門企業のA産業の借入残高表のヒアリングを実行した。その結果、長期・短期・運転・設備等、融資の資金使途や借入期間はさまざまであるが、必ずしも長期資金が短期資金より金利が高いということはなく、借入時期によりまちまちであった。当然のことながら金融機関によっても異なっているのである。

Y支店長は、そのミスマッチを是正し資金投入のチャンスがあると考えた。そんな中、A産業が毎年調達している長期運転資金の残存1年未満の融資を短期資金（短期プライムレート）で引き取り、低金利化し、シェアを伸ばせる案件の開拓に成功、3口で合計2,000万円の投入に至った。

着眼点 本例は、個人の「おまとめ」ローンの発想。「おまとめ」以外でも、資金ニーズと借入形態・金利・期間が運用状況にミスマッチとなっているケースは多く、1社1社借入見直しのコンサルティングで、融資の切り口を見つける手法は、企業には案外、ありがたがられる。

金利に着眼すれば、相対的高金利の肩代わりは常識

個人でも住宅ローンの金利見直しによる肩代わりは一般的である。それを事業融資に応用すれば、X信金がヒアリングした借入残高表は情報の宝庫である。特に金利が高く、シェアを徐々に落としている金融機関は丸ごと肩代わりの対象となる。

必ず残存期間と現行金利（変動・固定）をヒアリングし、自行ならば

どう肩代わるかを店内で協議する。

🔸 期間の延長は要注意

融資の肩代わり（特に設備資金）に、期間の延長を持ち出すと、融資のリスケとされ、分類の対象となることがあるので要注意である。

さらに取引先側から、融資期間の長期化を要請されるケースでは、収益力が弱くなって返済のキャッシュフローが悪化していることを疑い、金利を上げても資金繰りを安定させたいなど、後ろ向きの事情に遭遇した場合には慎重に業績等を分析すべきである。ただし、長短アンバランスがある場合には、償却期間に合致した年限に延長するか、借り換えをする必要性が認められ、積極的に対応してもよいであろう（第6項参照）。

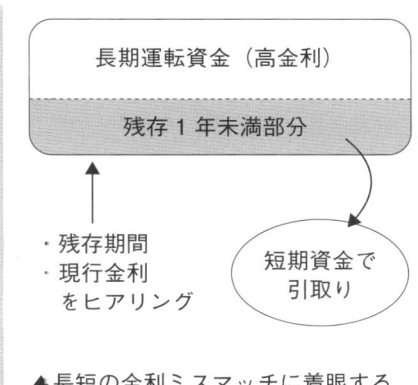

🔸 返済はね返り資金の妥当性の見極め

調達のミスマッチには「返済はね返り資金」のニーズが発生する。これは長期運転資金などによく見られるが償却前利益が年返済額に満たない場合に、その不足分を補う形で融資する形態である。

この際のチェックポイントは次の2点である。
① 担保力からの判断～基本的には返済が不可能部分の追い貸しであり、担保力はどうかの問題
② 業績の長期見通し～年度ごとに定例的にはね返り資金が出ている場合には、それらを含め償還期間はどの程度か見極める。

この種別の融資でも、はね返り資金から肩代わりで参入し、融資シェアを伸ばしていく手法・作戦も存在し、借入残高表を通じてそうした補充資金の資金需要の発見ができるものなのである。

(2) 財務体質改善資金

8 業況不芳時の滞貨減産資金の需要を発見

> **設例** ツーバイフォー工法は今や木造建築の主流の工法となってきた。Ａ産業は海外より木材を一括で買い受け、プレカットを行う材料の卸売業である。同社は消費税引上げ時の駆け込み需要後、急速に冷え込む建築請負契約を懸念して、輸入の30％減を決定した。
> その情報を聞きつけた主力行のＸ銀行では、その資金的要因を調査した。その結果、固定費などの減産運転資金で約5,000万円の一時需要があると判断し、3年の中期資金として検討。さらに急速な減産により、仕入債務の支払に充てる売上回収金が不足することも突き止め、キャッシュフローの改善を目的として、短期資金で2,000万円も準備した。この対応にＡ社は3年間の業績回復計画書を提出し、調達に踏み切った。

着眼点 滞貨減産資金のシグナルを見逃さないことがまず重要である。多くの銀行では、こうした資金を後ろ向き資金として消極対応しがちだが、財務分析をしっかりと行えば、資金繰り表により健全な運転資金として捉えることができる。そこをすかさず攻め込むことで、深耕が図られる。

🐦 滞貨減産資金の本質を捉える

　滞貨減産資金とは、企業が生産を減少させることで必要となる運転資金である。すなわち、生産の減少によって企業の売上が落ち込む中で、固定費の支払に充てるキャッシュフローが不足したり、在庫増加などで資金繰りが厳しくなったりした場合に発生する。業績予測を絶えず収集

第1章　運転資金・財務体質改善資金の切り口

すれば、確実にこうした資金の需要を把握することができる。

🔔 融資として出せる資金と慎重になる資金の違い

　滞貨減産資金には、①季節的要因で一時的に発生する場合と、②景気後退や業績不振によって発生する場合がある。

　①の場合には、資金は売上の回復により回収できるが、②の場合

```
┌─────────────────────────┐
│       滞貨減産資金        │
│  ターゲットは前年比売上高が │
│  一定比率以上減少した先    │
└─────────────────────────┘
```
・減産が一時的
・減産後も利益確保

こうした情報が確認できれば安全な資金需要となる

▲消極対応しがちな融資だけに収益性も見込める

では結局は赤字補填に用いられる可能性が多く、回収が長期化するおそれがある。そこを見極めて、対応する必要があるが、慎重な判断を要する資金については、物的担保徴求の検討も併せて行う。

　さらに、融資実行後の動態チェックも欠かすべきではなく、設例のとおり、業績回復計画書の提出とそのサポートが肝要である。

　メインの金融機関は、上記①②の両方とも検討するはずであるが、融資プロモーションとしては、上記の①への前向き参入が商売上のメリットとなるのではなかろうか。

🔔 どこにターゲットに定めるか

　滞貨減産資金の貸付けは、生産を減少させても、仕入水準をすぐに引き下げることが困難な場合の一時的資金で、減産が一時的ですぐに回復が見込める場合や減産後も利益が確保される場合に限られると考える。

　その意味では、常に取引先の動向を把握することにより、比較的安全な滞貨減産資金の需要を察知できよう。

　したがって、マーケティング戦略としては、前年比売上高が一定比率以上減少した企業を抽出し、その先をターゲット候補とすることは疑いないところである。

(2) 財務体質改善資金

9 安全な赤字資金の発見とリストラ性融資の組立て手法

設例 赤字資金というと保全重視と考えがちであるが、事業転換など先行人件費や備品の調達で、一時的赤字と読める場合には、積極方針で臨める。

A社会福祉法人はこれまで保育園経営を行ってきたが、少子高齢化を捉え、園内の遊休スペースを活用して、高齢者デイサービスを開設することとした。その先行人件費やベッド・車両購入費及び造作で総額 3,000 万円の借入について、地元の数行に対し打診があった。

メインのX銀行が、3年目に初めて黒字になる保守的な事業計画であったことから審査に時間をかけた一方で、新規取引アプローチをしていたY銀行は早々に決定を出した。A社会法人としても生き残りをかけた事業のリストラであるが、これまでの内部留保を含めて総合的に判断して、Y銀行では迅速にGOサインを出したのだ。

着眼点 リストラ性の事業転換赤字資金の掘り起しのカギを握るのは、日頃の取引先との親密度以外の何物でもない。さらに当然の企業体力（内部留保）も見ていかなければならず、融資審査の難易度は高い。当面赤字の計画でも先行投資・先行費用化の要素をいかに読み取れるかがポイントとなる。

🕊 赤字の資金繰りの最大値を把握し、短期資金を活用

例えば、施設稼働までの先行人件費が仮に1人当たり 30 万円として、総勢5名、回収が期待できない期間が5カ月あるとしたら、総額 750 万円がピークとなる。さらに資金繰り人件費をカバーできない期間を査定

し、仮にその期間に要する費用が1,000万円ならば、その部分を短期資金であらかじめ取り決めた回収期からの約定返済を付して実行するなど、資金使途別に短期資金でカバーする区切りある取引にすることが肝要である。

🖐 備品・設備系の先行費用は、投資回収期まで長期支援

　本件の場合は園内の建物の有効活用で造作に投資が必要であり、その他ベッドや車両という動産の購入に2,000万円程度所要する案件である。
　この面は、当然長期支援となろう。本来ならば減価償却費と収益で返済原資を出していく考え方となるが、保守的な考え方に立てば、投資回収期を資金計画上で明らかにし、最低限その時期までの融資期間とすればよいであろう。それは、資金要因がおそらく建物以外の造作や車両等の備品であり、長期の減価償却とはしていないからだ（むしろ一括損金算入しているケースが多いからである）。
　投資回収期とは、後刻その事業が稼働を開始し、その累計収益で投資分が回収できる時期であり、そこで立替の借入金を返済させることは極めて健全な考え方である。赤字資金でも、この考え方に立って融資を検討することが重要である。

🖐 資金要因以外の背景部分の健全性の査定も重要

　リストラ性融資はそれまでの事業の見直し要素を含み、背景にある事業基盤の内容は極めて重要となる。その既存基盤がこれから融資する新規事業に悪影響を及ぼす、あるいは新規事業の利益金が既存事業の補塡に使われるおそれがあるからである。
　事業開始には赤字はつきものであり、その赤字を計上しても、投資していく意義があるかを、新規事業計画書等で読み取るが、その際には、既存事業が健全であればあるほど、必要な赤字資金は出しやすいといえる。

(2) 財務体質改善資金

10 事業再生を見極める
要注意・破綻懸念先への融資手法

設例 A社は地元商店街で業歴50年の老舗和菓子製造・販売業であるが、後継者難と折からの食の多様化に押され、業績はこの5年ジリ貧状態を続けていた。現三代目経営者の息子がようやく脱サラして家業を継いでくれることとなったが、主力金融機関のX信金はA社を破綻懸念先に指定し、新規融資はストップ、既存債務はリスケジュールに入っていた。

そこで、A社では息子が中心となり、製造部門を切り離したうえで、洋菓子の流通販売を開始するための業務提携費用の借入についてX信金に打診したところ、大幅なリストラと部門切り離しに伴う債務圧縮が認められ、さらに生き残りをかけた中期経営改善計画も採択されて、ようやく事業再生資金実行への光明が見えてきたのである。

なお、A社の不動産には含み益が相当あり、現経営者一族の不動産・金融資産でほぼA社の借入金全体はカバーされている。

着眼点 事業再生に伴う経営陣の入れ替えが重要な視点となるが、中小企業の場合、通常は一族の後継者が選任されるわけで、その経営手腕は大きな評価ポイント。その他、**事業再生計画の確からしさや担保力、保証人の資力など、保全面の充実が不可欠な要素**となるであろう。

過去の債務をどう整理していくか

事業再生計画次第であるが、基本的には中小企業支援育成の見地から、過去の債務についてはリストラ計画（本例の場合には、製造部門切り離しと一部資産売却により、債務の圧縮を図る計画）に沿って整理していくべ

第1章　運転資金・財務体質改善資金の切り口

きである。そのうえで、事業再生の進捗を観察しつつ回収の正常化を図ることとなろう。

🎤 真のリレーションシップ・バンキングで対応

本例の場合、洋菓子取扱い開始のための業務提携が確実に軌道に乗るように指導することが、最大のポイント。

和菓子の内製・販売から脱却し、洋菓子を主体とした菓子の流通販売が果たしてA社にどう影響するか、この点について販路の紹介による取引先拡大や販売チャネルのあり方をも含めて、X信金一丸で経営指導していく必要がある。

そして、中期経営改善計画に沿って、融資金の使われ方、投資効果、人件費の増減など、業態変更に伴う影響を月次でしっかりとトレースしていかなければならない。

場合によっては、経理財務や営業面に人材の紹介を行うなど、経営者のサポート役として支援していくべきであろう。

事業再生資金
・リストラ計画 ・経営改善計画 ・資産背景 これらの確実性の確認により融資実行可能 ▲経営改善計画の実行力が最大のポイント

🎤 保全については細心の注意を怠ることなく実施

保全について、基本的な拠り所は担保力や会社及び保証人の資力である。A社の場合、現状の借入金について法人と経営者一族一体で見ればカバーされている。

新規資金投入については、追加担保を徴求したうえでの対応となるが、今後の保全を図るには、一族保有の資産と将来の負債とのバランスをコントロールしていくことが重要で、そのため、資産・負債調査は継続的に行うべきである。

(2) 財務体質改善資金

11　個人ローンの「おまとめ」という手法を模倣しての投入

設例　法人の資金調達において取引金融機関との関係が弱いと、ややもすれば金融側の言いなりで借入をさせられることがある。
　Ａ社は食肉の輸入商社で、過去の異常な円安局面で為替差損を被り、赤字が累積していっていた。その間、借換資金や季節資金を４行ある取引金融機関から都度借りられるだけの金額を何度も借り入れたため、総額で約１億円ある借入の本数は20口以上となっていた。現在は「食ブーム」でＡ社の業績は好調であるが、その場しのぎの資金繰りで増えた返済にかかる煩わしさに、Ａ社社長は頭を抱えていたのである。
　そんなとき、その情報を聞きつけた地元Ｘ銀行は、借入金を全て精査して経常的運転資金部分と過去の設備資金部分の２つに整理したうえで、これらを束ねて肩代わるという提案した。Ａ社はこの提案を受け入れ、その結果、総借入は５口に絞られ、おまけに約定返済額の軽減も図られた。

着眼点　個人における「おまとめ」肩代わりの法人版である。この場合、リスケと判定されないよう注意が必要であるが、健全な企業なら、事務の効率化と若干の月返済額の軽減が図られるため、歓迎される。

🕊 企業のニーズにかなう調達形態を常に提案すること

　Ａ社は赤字が累積していたときは立場が弱く、資金調達が金融機関側の言いなりにならざるを得なかったため、本例のような事態となった。その後業績が好転してから新規にアプローチした金融機関の着眼点がよ

く、それが奏功した。借入残高表をしっかり眺めていると、融資提案の
ヒントは自然に見えてくる。なお、月約定返済額の軽減は余禄である。

借入金併合のルール

　借入金の併合（「おまとめ」）をどのようにするかは、基本的には肩代
わり金融機関の任意であろう。しかし、財務上の整合性の観点からは、
次の５つのマナーがある。
　①　「資金使途」と「長期・短期」の２つのファクターは混濁しないよう、
　　同種のものを組み合わせる。
　②　約定返済が進み、残債が１年を切った長期借入金は、短期借入金
　　とみなし、短期資金で併合することは可能である。
　③　借入年限は、当初の資金使途を精査して、返済計画に準拠した適
　　切な返済期限を設定することが財務の健全性の観点から必要。
　④　金利は自由設定であるが、おまとめをするメリット感を価格（金
　　利水準）に反映することは許容されよう。
　⑤　担保は、プロジェクト資金や設備資金（融資対象物件が固定され
　　ているもの）は、そのまま設定を継続することが原則。

一部制限される借入金併合

　借入金の併合は、次の２点に留意して進める。
　①　信用保証協会付借入は事前に協会に確認
　　　旧債償還となるような保証協会付借入を併合した場合は後に代位
　　弁済否認を受ける。また協会内では肩代わり禁止の貸出種別もあり
　　注意が必要である。
　②　返済期間は長期化させない
　　　返済期間を長期化させるような併合を行うと、条件緩和債権とし
　　て、分類債権となる可能性がある。このため、業績不振先に対して
　　軽率に借入金の併合を仕掛けることは避けた方が賢明であろう。

(2) 財務体質改善資金

12 法律改正等からの必要資金の発見

設例 いわゆる「代行割れ」の厚生年金基金が解散する場合、母体企業が損失の手当てをしなければならない、と報じられたとき、そのような法制度変更に伴う融資案件の浮上について、Ｘ行では法人企画部が中心となり地域のマーケティングを推進した。

その結果、Ａ社が浮かび上がった。しかし、アプローチは難しく、Ｘ行Ｙ支店長は本部とよく連絡を取り合い上部団体からも情報吸収したうえで、Ａ社に聴取をかけた。その結果、分割返納が認められても約1,000万円の調達が必要との申し出に至った。

今後5年後以降は「代行割れ予備軍」は分割納付特例が使えないため、Ｘ行としては、早期にコンサル・アプローチによる支援をすることに決めた。

着眼点 例えば過去にあった最低資本金制度導入等、法律改正に基づく融資案件の組成が必要な事態は突然発生する。これら情報は本部サイドが情報を有していることが多く、情報の感度を高くしておきたい。この場合、マーケティング力を駆使した早期アプローチがカギとなる。

🔔 法律改正の趣旨をしっかりと掴むことが大切

「代行割れ」という事態により、全560基金中約3割の160基金の解散が想定され、約3万の事業所で合計約5,200億円（1社あたり1,700万円）という膨大な資金が必要となる。分割返納は30年まで認められるが、一企業の立場では大きな臨時負担を抱えるため、本業に影響を及ぼさない範囲で早期処理を検討する企業も多く、そこに資金ニーズが生まれて

第1章　運転資金・財務体質改善資金の切り口

くる。

🖐 融資支援を取り巻く付随の
　　サービスとは

　本制度改正は明るい制度改正とは言えず、やや後ろ向きの支援策という先入観がある。しかし、それこそ、この機を捉え、経営者に真に頼りにされる提案の優劣を競う時と自覚すべきである。

　考えられる施策は次のとおり。

① 　総合研究所機能（シンクタンク）を駆使したコンサルテーション
　　会員化を促進して、セミナーや相談業務をアピールする
② 　中小企業退職金共済を加入促進
　　企業として公的制度を活用した福利厚生・節税ニーズをかなえる
③ 　代替年金としての401kの推進
　　本部直販部署で推進している確定拠出年金推進業務を営業現場に戻し、スキルアップのうえ、企業に対しその導入を提案する

・厚生年金基金解散
・耐震補強工事の義務化
・外形標準課税の拡大
　　　︙

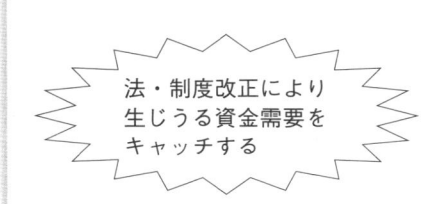

法・制度改正により生じうる資金需要をキャッチする

▲法・制度の内容理解が不可欠

🖐 先を見据えたうえでの支援策

　前述のとおり、「分割納付の特例」などの特例解散制度が適用されなくなった以降の事態は深刻である。
　したがって、取引先金融機関としては、該当企業の状況を見守るとともに、上乗せ資産を他制度（DC・DB・中退共）に移管することや、分割納付ができない事態に備え、スムーズな支援プログラムを準備・提供する。
　引当金の積み増し（積立）の指導も一考となるが、結局その際の融資支援が可能な環境を早期構築しておくことが最良の支援策となる。

31

第2章

設備投資・事業合理化効率化投資資金の切り口

(1) 設備投資

13 リースと競合した場合に勝つ一般的な設備資金融資

設例 A社はリネンサプライ業であり、このたび耐用期限が来た殺菌洗濯乾燥機の更新期を迎えていた。A社のB専務はこの機械メーカー出身で、5年前に当社へ迎え入れられ、この種の設備更新については熟知し、かつ支配していた。

すでに同メーカー系リース会社より提案書が来ており、リース料率（コスト）が1％台と安かったため、ほとんどリースによる調達で決まりかけていた。

そんな中、B専務は、顧問税理士より償却資産を多く持つように指導されていた。また、株価対策など借入金の効能も重視すべきとの見解があることを知り、リースによる調達でよいか、X銀行に相談を持ちかけた。

X銀行としては、A社が年度資金をコンスタントに借入調達で行っていること、基幹的設備は自己所有とすべきといった点を十分に訴求し、最終的にはこれを顧問税理士が受け入れたことにより、銀行調達での購入と決まった。

着眼点 リース対借入調達・購入の決定にはあらゆる要素が絡むが、リースと償却資産を持つことの比較、借入金の効能、その他銀行との付き合い等を総合的に勘案する際には、借入調達・購入に有利に働くことが多い。

この場合、金融機関としては、丁寧な比較検討に十分対応することがポイントとなる。

第 2 章　設備投資・事業合理化効率化投資資金の切り口

👉 金融機関の融資の効能を再度整理し認識する必要性

　企業信用度にもよるが、リース料は物件価格、金利、固定資産税、保険料、リース会社の管理費・利益が含まれ、一般的には銀行金利と比較するとコストアップとなる（しかし最近の低金利ではほとんど遜色ない）。

> リースと比較した
> 融資のメリット
>
> ・金利コスト面
> ・減価償却資産の保有
> ・借入金による株価対策
> 　が可能
>
> 何より総合的な金融機関との
> 信頼関係の維持が大切！
>
> ▲リースのメリットも踏まえて
> 　説明できることが重要

　このコスト比較を前面に出したうえで、減価償却費の活用や自己所有設備の効能、そして最後にはこれまでの信頼関係や実績等の取引関係で推すのである。

👉 折衝時切り返しのためにはリースの効能も理解

　リースのメリットを列挙すると以下のとおりである。
① 　設備導入時には多額の資金が不要で、その分経営資金を有効活用
　　支払リース料は定額で、いわば延べ払いのような性質がある。
② 　事務管理の省力化が図れる
　　中小企業では支払リース料の管理だけで済む。リース会計基準が適用される大企業でも、未経過リース料の期末残高割合が 10% 未満部分のリース取引については、簡便な経理方式によれば、費用が支払リース料と同額の減価償却費のみの管理となるため、事務管理は容易である。
③ 　固定資産税は貸手（リース会社）が計算・申告・納付
　　法人税法上の簿価と固定資産税の課税標準に差異が生じる場合、二重管理が必要となるため、リースのほうが簡便である。
　そのほか、設備の使用予定期間に合わせリース期間を設定できる、環境関連法制に適正に対応できるなど、リースでの調達も侮れない。

35

(1) 設備投資

14 介護・福祉・医療など成長分野を見つける融資

設例 X信用組合が存するA地区（人口3,000人）は高齢者人口比率が高い（35%）全国屈指の地区で、いわゆる限界集落。医療は、最終的にはドクターヘリに頼らざるをえない寒村で、その地にただ1軒の個人医院を経営するB氏から、生き残りをかけて、医療・介護の連携を目指した介護保険適用施設を作りたいという借入の打診があった。

個人医院の隣地約100坪に、15人を収容できる介護付有料老人ホームを開設。建設費は約5,000万円、備品800万円、先行人件費等の運転資金700万円、総額6,500万円の計画に、X信組は詳細なマーケティング調査を行い、融資承認の結論を出した。

地域福祉という観点から、地域人口・高齢化の実態を綿密に調査し、勝算を見出した結果であった。

着眼点 介護保険適用施設には専門知識が必要であり、採算性・資金繰りは本部と協議し、場合によっては専門コンサルの起用も検討しなければならない。本例は、マーケットが特殊で、ライバル事業者が皆無という状況下、地域福祉（公共性）の観点から総合判断しての結果といえる。

詳細なマクロマーケテイングの重要性とは

介護施設が全くないという特殊環境にあって、人口3,000人×高齢化比率35%×要介護比率（これは全国共通で約20%）＝210人が要介護高齢者と算出される。

一般的に見て、その1割（21人）は自宅での介護が難しい高介護度と推定できるから、15名定員の老人ホームなら何とか稼働できる見通し

第 2 章　設備投資・事業合理化効率化投資資金の切り口

であると判断したものである。

🖐 老人ホームの採算性と融資償還を概括的に見る

(1) 収益性の検証

　売上は、フル稼働で 15 人 ×（月 30 万円介護保険・自費合算 + 10 万円居住費）× 12 カ月 = 7,200 万円。

　人件費約 300 万円 × 12 カ月 = 3,600 万円 (b)。諸経費（光熱費他、金利年 200 万円・減価償却費建物木造 22 年で年約 230 万円含む）約 1,200 万円 (c)。

　よって売上稼働率が 80%(7,200 万円 × 80% = 5,760 万円(a))の場合でも、年間 960 万円（a − b − c）の経常利益を見込む（食費は収入・支出イーブンとして、本計画では互いに算入しない）。

(2) 資金収支の検証

　建設費 5,000 万円を全額融資（期間 20 年元金均等）の場合の年間返済額 250 万円。返済原資は税（50% 税率）引き後償却前利益 480 万円 + 減価償却費 230 万円 = 710 万円であり、十分な償還能力が認められる（250 万円 < 710 万円）。

　なお、備品及び先行人件費については、3 年程度の利益にて投資回収が可能な計画と判断される。

🖐 成長分野とは産業の将来性と地域のニーズで決まる

① 　将来性のある産業とは

　　将来性のある産業とは、マーケットが確実に拡大していて、かつ行政の制度（ここでは介護保険制度）も充実している産業を指す。

② 　地域のニーズとは

　　将来性のない衰退産業でも地域ニーズがある限り、金融機関としては資金を投入する分野として検討すべきであろう。「町興し」は地域金融の永遠のテーマとして避けられない。

(1) 設備投資

15 環境をテーマとする省力化投資に向けた融資

設例 国を挙げての震災復興で、全国の産廃物処理・運搬業者はフル稼働をしている現状である。地元X行では「低利調達」を武器に、災害県に相応しい積極的な融資姿勢を堅持していた。
　また、「環境」をキーワードにすればあらゆる新規先や既存先の資金ニーズを掘り起こせるとし、X行Y支店長の下では日々勉強会を重ね、先日も女子渉外チームを発足させ、LED設備投資やハイブリッド・電気自動車といった具体的商材を販売するローン戦術に討って出ている。

着眼点 ターゲットとする会社を研究し、その融資対象案件を明確にすれば、多くの場合、それに適合する制度融資や補助金付融資が見えてくる。これに国や地公体が実施する助成金を絡めて提案すると、借り手には非常に魅力的なものとなる。「環境」をテーマとする分野はその応用が効くところであり、提案に幅が持てるのである。

👆 アプローチは低金利の制度融資から

　国や県・市が地域復活や経済対策で「環境」をキーワードに低利の制度融資を各種準備している。公害防止・環境保全に必要な資金であれば、企業に対して、長期・低金利で、しかも支払った利子については申請で補助がおりることがあることをPRすると融資提案上効果的である。
　例えば、低公害車の導入提案では、利子補助を入れた実質金利が1%台となることも現実的なのである。

第2章　設備投資・事業合理化効率化投資資金の切り口

🕊 顧客ニーズを想定した具体的な融資提案の仕方

全ての提案は書面で行うと、極めて効果的である。

① 「自動車購入資金で、事業の用に供する低公害車等の購入に要する経費として、総額5,000万円」
② 「融資利率は年1.2％。県の利子補助を得られ、年1回の補助額は支払った利子の2分の1から全額のレンジがある」
③ 「返済方法は1年間据え置き後、毎月元金均等返済、期間は10年」
「ただし、県において融資対象事業計画の認定が必要」等々

```
            ┌──────────┐
            │ 環境対策 │
            └────┬─────┘
                 ↓
        ┌──────────────────┐
        │ 新規先や既存先に │
        │ 資金ニーズが潜む │
        └──────────────────┘
                 ↑
・省エネ，省資源
・地公体の低利融資や
　補助金・助成金
・経営者の社会的責任に対するプライド
```

▲環境関連の融資提案材料は多い

上記のようにまとめ、経営者に判断させると効果的である。認定作業は約1カ月要するが、資金需要日までの余裕を計算してかかることや、金融機関がきちんとサポートを行うといったこともポイントである。

🕊 環境対象を広げ、あらゆる融資商品を提案する

例えば「『LED』という環境対策商品を効果的に捉える企業は？」というと、「飲食業やサービス業」が導かれ、環境対応融資商品で提案し、資金需要を掘り起こすことが可能である。ハイブリッド・電気自動車、太陽光発電なども、法人から個人に至るまで裾野は幅広い。

ここに自行の商品（環境Ecoローンなどの商品ネーミングが有効）を組み合わせて訴求すると、設例のように女子渉外チームのような販売戦力に担わせることにより、大きく需要を喚起できる。

加えて、企業経営者には、企業が「環境」に気遣う点の社会的責任の有用性を前面に押し出してアプローチすると、プライドをくすぐられ、極めて効果的な推進が可能となる。

(1) 設備投資

16 特殊設備（産業用太陽光発電）などの資金調達を融資で実現

設例 A社は、製造業として業歴40年余の地元優良企業。隣接地に同社工場がある。A社は、300坪の所有地に産業用の太陽光発電設備の設置を計画しており、計画の設備は発電量49kWで経費を含めて約1,200万円所要見込みである。売電収入は年約150万円が20年保証される。一方、自己所有地はせいぜい坪1万円であり、融資額はその土地の担保ではカバーされない。

A社のこのような計画に対して、政策公庫から融資の内定が得られているが、メインのX銀行はあまり積極的ではない。X銀行としては保全が不十分なことから積極的ではないのだが、A社のB社長としては、「公庫は無保証でも取り上げてくれるのに」との不満がある。

そこにY信金が自行の法人ソーラーローンを使っての組立てで参入したいとの打診があった。

着眼点 まだ、太陽光発電に対する市中金融機関のスタンスはまちまち。Y信金のように目的ローンを武器に参入するのは、①売電収入に国の20年の保証があること、②物件に保険付与がされ、十分無理のない事業計画であること、③土地担保に加え、保証人資力が十分であることが前向きの理由となっている。

🖐 地元の優良企業が投資を行うことの優位性を見る

年150万円20年保証であるから、7～8年で投資回収が可能。投資企業の自己所有地であれば土地担保を入れて勘案すれば、十分検討に値する。あとは事業計画で保全が図られ保守的な計画となっているか、本

第2章　設備投資・事業合理化効率化投資資金の切り口

業の事業が順調であるかという点を見出せれば、融資投入が可能な案件は多い。ノンバンクが業者とタイアップし、金利2～3%で組成しているケースもある。

🔔 太陽光発電のメリットとデメリットを十分に理解する

(1) メリット
① 固定価格買取制度で安定収益が保証されている：買取期間20年と買取価格32円/kWh（平成26年度）が国により保証
② 節税対策としてクリーン投資減税が利用可能：特に平成27年度までに取得した場合には、設備買取価格の100%即時償却可能
③ 非常時・災害時の緊急対応が可能：いち早く自主電源で緊急時の対応が可能（本件では隣接地は工場）

(2) デメリット
① 動産設備であり、天災人災のリスクは否定できない：事業計画中には、補修などの引当てや保険対応が十分か見極め必要
② 土地形状やインフラにより膨大なコストがかかることも：電力会社との接続投資や業者に依頼した場合のコンサルフィー等の費用

🔔 一律の後向きである必要はなくあくまで信用貸の融資

太陽光に限らず特殊設備への投資での収益事業は、収益力は利回り10%以上の事業を想定するものであり、コストを十分に吟味し投資が成功するならば、前向きに対応するべきである。

要するに事業の妥当性があれば、あとは債務者の信用（業績・担保力・保証人資力）の問題であり、B社長が不満と思う点も理解できる。

しかし、やみくもに信用貸しと言っても、太陽光設備という特殊な投資対象には、それを敷設する業者（メーカー・施工業者等）の信用や技術力が最終的にはポイントとなるため、むしろその面の難しさがあることは肝に銘じるべきであろう。

(1) 設備投資

17 売上増強テーマを捉えた増産対応型融資の着眼点

設例 Aさんは脱サラして神奈川県の山奥で蕎麦屋を開業した。信州よりそば粉と名水を仕入れスタートは上々であったが、この勢いを維持するにはインターネットを駆使したグルメ需要をしっかりと確保しなければならないと考え、PCとホームページの製作に地元X信組のローンを使って200万円投じた。ささやかな金額ながら開業時にすでに退職金をほとんど投入していたため、勝負に出たのである。

一方、B企業は同じ地元で介護タクシーを営む従業員5名の小企業。訪問入浴サービスとの連携もありうると考え、車椅子乗降可能なBOXタイプの特殊福祉車両を500万円かけ投入した。これも全額X信組のローンで購入した。

結果、Aさんは売上が倍増、B企業は売上増強にはならなかった。

着眼点 2つの例で、真に必要な投資か、あるいは将来を予測してのやや曖昧な投資かの違いを示した。売上増強をテーマとする場合、死活問題と捉え投資するものと、将来予測から布石的に投資するものを分けて、その違いを認識すべきである。

金融の責務は「増産対応」を第三者の眼を入れ審査

Aさんの場合は現状の課題を十分認識し、強い危機感の下で投資に踏み切り、一方、B企業の場合は将来必要となるとの予測（＝間違っていると言っていないが）に基づき投資しているため、即効的なものとなっていない。投資効果を上げることが返済原資となる理屈からは、審査には第三者的眼力が必要であろう。

第2章　設備投資・事業合理化効率化投資資金の切り口

💣 設備投資の効力を多角的に正しく評価する

設備資金とは、有形・無形の生産財を購入するための資金貸付であり、投入効果は売上・利益の増加、あるいはコストの減少になって現れてくる融資といえる。

例えば100万円の投資をし、10年の定額償却であった場合、年10万円のコストが決定する。その前提で、①売上増に伴う利益が年10万円以上認められる、あるいは②合理化・省力化投資の前提でコストが年10万円以上減少すれば、投資は成功、ということなのである。

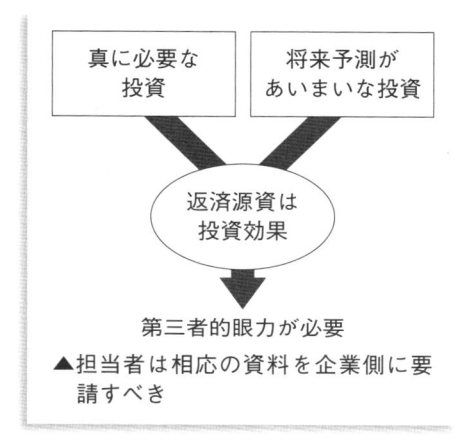

投資の効果としては、償却効果における節税に伴う現金の流出防止もある。これは、特に即時償却ができるような資産に投資した場合（例えば青色申告事業者で1台30万円以下の中古自動車を購入したような場合）、その投資物件で現金流出防止分をも考慮して、売上・利益が増加あるいはコストが減少すれば、これも投資成功と見る（ただしこの場合は収益計上で税額が計算される、つまり税金が発生する先が対象）。

```
┌──────────┐    ┌──────────┐
│ 真に必要な │    │ 将来予測が │
│   投資    │    │あいまいな投資│
└────┬─────┘    └─────┬────┘
     │                │
      ╲              ╱
       ╲            ╱
        ▼          ▼
      ┌──────────────┐
      │  返済源資は   │
      │  投資効果    │
      └──────┬───────┘
             │
             ▼
      第三者的眼力が必要
```
▲担当者は相応の資料を企業側に要請すべき

💣 返済原資を確保、融資金の期限内償還が必須

設備資金の返済原資は「税引き後利益＋当該減価償却費」である。売上増強をテーマとして投資しても、売上が伸びないか経費がかさみ、返済は償却費頼みとなるような事態なら、現金のショートないし返済遅滞の可能性も含め、投資の目的は失敗である。

その点では、前出のB企業の投資の目的であった売上増強につながらなかった＝収益を生まなかったという事態は、増産型融資の観点からは失敗と言わざるをえないのである。

(1) 設備投資

18　M&A 融資

> **設例**　これまで生産に特化していて、販売は商社ルートに任せていた建築資材の企業 A 社より金融に関する相談があった。販売協力会社である地場優良工務店 B 社が後継者難の事情により身売りをすることになり、その買収資金を融資できるかというものであった。
>
> 　総額は 3 億円、A 社の企業体力や担保力からすれば問題ない内容であったが、投資効率の査定に入った X 銀行は、従業員 30 名のうち約半数までしか引き受けないことを条件に応じることにした。
>
> 　業務を引き受けた場合、新規に卸売りと一部工務部門を合算することになるが、A 社の現在の収益力と統合による合理化効果を勘案しても、従業員全員の引受は収益率を低下させるリスクがあるとの判断であった。

着眼点　M&A 案件にデューディリジェンスの力が発揮される局面。融資は、単に債務者先の業績・保全といった調査項目を決算書や各種現状調査だけで判断すればよいのではなく、統合効果や市場からの未来予測まで行ったうえで判断すべきである。特に人件費を「1 + 1」で捉えることはタブーである。

///

👆 M&A 案件は極秘事項であり、トップの信頼感が勝負

　こうした案件は開拓・発見という次元を超えて、日頃のトップ同士の信頼感の賜物である。特に案件発生から結論出しまで時間は限られているため、迅速に的確な回答を導くべく、本部を巻き込んでの組織戦にもっていくことが肝要である。

第2章　設備投資・事業合理化効率化投資資金の切り口

📌 統合効果を査定

統合における一般的な留意点は次のとおり。

(1) 経済的効果を正しく査定

①売上が単純に増加するのか、②売上が増加せず収益のみが加算されるか、あるいは③収益も加算されないかという見極めである。本例は規模的に②の例であろう。

```
┌─ M&Aのメリット ──────┐
│ ・売上増              │
│ ・収益増              │
│ ・非効率性の改善       │
└──────────────────┘
           ↑
こうしたメリットを達成する
かどうかが融資の見極め
▲統合効果がプラスとなるのかを未来予測して判断する
```

(2) 最大の見極めは、人件費

本例の場合、単純に30人をネットオンして収益力を見るが、当然受け皿企業の人員との統合効果をどう出すかがポイント。おそらく、A社の内容から判断して、人員をそのまま引き取ることの非効率性（即ち収益率の低下を招く等）から人員カットの提案に至ったもの。

上記(1)(2)のほか、バランスシートの整合性（特にA社の借入等負債やB社との相殺勘定）、その他の利害関係の調整などを経て、統合効果がプラスとなるような立て付けで、融資の了解を出すのである。

📌 最後には保全面のチェックを完璧に処理

そもそもB社側に何らかの問題が生じて、かかる事態になったわけであり、こうした場合特に多いのが「直前の赤字」処理。赤字資金を含む投資を行う場合、当然A社側の業況・自己資本・保全査定から、統合後のB/Sで保全バランスが許容できるかどうかが判断ポイント。

その際、出来上がりの実質担保、保証人（保証人資力の観点）が合理的なものであるかということが最後のチェック要点となろう。万一、赤字基調が本体（A社）に悪影響をもたらす場合には、極めて慎重に判断し、当面の「業績推移」が要ウォッチ項目となろう。

(1) 設備投資

19 事業多角化のビジネスチャンスを捉えた設備投資支援

設例 X銀行では、業況が不振な企業向けに「事業多角化支援」を提供している。そんな中、印刷業のA社から、社有地の一部で不動産業を始めるということで相談があった。聞けば、これまで不動産のチラシ印刷を長年手がけた関係もあり、A社社長の長男が宅建の資格を取ったと言う。

情報は取引先から入手できるとのことで、敷地にアパート兼事務所を建設するために5,000万円の融資申し込みとなったのである。

X銀行では印刷業のA社の資産背景を十分に調査のうえ、事業多角化へ向けた支援を約束した。

着眼点 事業多角化については、それにまつわる何らかの因果関係を見極めて対応すべきであろう。本例ではA社が不動産チラシを長年手掛けていたことを評価したものである。ただし、資格や免許が必要な業種にはその取得状況についても考慮する。多角化には資金調達が必須であり、日頃からそうした意向をくみとることが大切である。

業績不振で多角化を検討するケースとその逆がある

仮に、本業の不振から多角化を検討するケースでは、その不振をクリアするだけの勝算があるかを見極めなくてはならない。一方、業績好調からさらに関連領域に討って出るケースにおいても、投資コストや人件費等の増大を含めて慎重に検討すべきである。

本例では、①不動産業界とのつながり、②長男が宅建資格を所得、③所有地の有効活用としてのアパート経営、等が決め手となった。

🐦 本件の具体的な審査過程はどうであったか

X銀行における実際の稟議書に沿って見てみよう。

(1) A社の事業多角化支援の概要

印刷業（年商3億円、経常利益0百万円）に加え、この度同敷地内（会社所有200坪）に店舗付アパート（1店舗＋2DK6世帯）建設に伴う総額5,000万円の20年の取り上げ、融資金利2％。

> **事業多角化融資のポイント**
>
> ・既存事業との関連性
> ・多角化の妥当性
> ・新事業の見通しからの
> 　返済財源
> ・資産背景
>
> ▲日頃から融資先の意向をくみとる対応が不可欠

(2) 事業多角化の妥当性

不動産業への進出。①長男が管理者として同店舗にて不動産仲介・管理業を開業（年商予定2,000万円、経常利益300万円予定）、②アパート経営（不動産所得500万円予定）。年返済額250万円は本業及びアパート賃収にて十分充足。

(3) 保全面の妥当性

融資対象物件と敷地共同担保（根抵当6,000万円）で実質担保査定ではフルカバー、保証人も社長と後継者の長男を取得、問題なし。

(4) 取り上げ理由

印刷業の不振を同取引先業界の人脈を活用しての不動産業でカバーする案件、事業計画及び保全面も妥当な計画、支援方針。

🐦 事業多角化案件の情報収集の決め手とは

X銀行では本件を同行内の情報吸収ルートによったが、制度融資相談会や多角化セミナーなど能動的な情報提供の場での情報収集が有効。

一方で、本業不振ないし本業が活況を呈する企業にはそうしたニーズが内在しているものであり、日頃の提案外交が奏功するケースも多い。

(1) 設備投資

20 特殊業種（医師・士族・農業等）への融資商品投入手法

> **設例** 愛知県郊外で小児科を営むA氏は開業10年目。市街化調整地域の土地を借りて総額2億円で託児施設を有する医院建物を建設、これまでは順調に推移している。地代は相当に安いが、できれば底地を買い取りたいともくろんでいた。しかし、株式投資や投資信託で大損をして、潤沢だった資産の実態は不明の状態。
> 　X信金は開業以来の一行先で、上記建設資金を一部融資している。その後底地買取資金を勧誘してきたが、地主が売却に踏み切らないため、当面融資案件はないものと見ていた。そこにA氏より設備資金名目で5,000万円の借入れ打診。担保は同物件の第二順位での組立てであったが、10年の償還実績では空き枠として不十分であった。

着眼点 士業を中心とする個人事業（経営）者は、融資にあたってその個人スキルに基づく事業の確からしさが命綱であるが、従業員等が支える企業とは異なり、フォローや審査が難しい。自信に裏打ちされた傲慢な人も多く、冷静にヒアリングして対処する能力が求められる。

🦉 資金使途が事業なのかプライベートなのかの判別を

例えば弁護士が融資を申し出ても、それが事務所としての資金なのか個人の用件に基づく消費性のものかは、口座の中身も混同しており最終的に不明である。確定申告でも事業と個人が混載されるので、その判別作業をしっかりと行う。あくまで資金使途を確認する程度ながら重要な作業だ。本例も医療器械購入なら見積書や注文書・請求書を徴求して確認する。

第2章　設備投資・事業合理化効率化投資資金の切り口

🖐 それぞれの業種への留意点

(1) 医師
- 設備資金は高額なので、真に必要か、投資効果を見極める
- 競合のリース料率は安く、不採算融資を生むおそれあり
- 人件費等設備資金以外の申し出には十分使途確認をする

(2) その他士族
- 許認可の継続性とそれぞれ事業資金かプライベート性資金か要確認
- 資金使途が多岐にわたることが多く、資金使い切りを厳格に対応

(3) 農業
- 専門性が高く農協の領域であるために、本業外分野での支援が主体

(4) 特殊な事業体
- 使途にはその業界に専門分野が多く、本部専門部を巻き込む

　その他融資取り上げの段階では、それぞれの上部団体等で同業者の風評を聴取するなどの対応は、審査には極めて有効に作用するものである。

> 個人と事業が混在しているような先への融資
> ‖
> 資金使途が事業かプライベートかの判別が重要
>
> ▲資金使途・返済財源が適切であれば融資案件となる

🖐 A氏の融資申し出の顛末は〜B信金の結論

　設備資金として注文書等を精査した結果、当面必要のない設備と判明。それと前後して本人妻女より聴取した結果、医院の経営は順調ながらプライベートの資金運用投資のほうでの資金需要があった。さらに、本人は高級時計や宝石の収集癖があり、不動産担保の空き枠部分が活用できるなら、借入調達してでもそうした嗜好品購入のための調達をしておきたいとの意向がある様子。B信金は、本件は不動産担保活用ローンのような位置付けでの申し出であると解釈し、担保面では充足しない状態のために謝絶に至った。

(2) 事業合理化効率化投資資金

21 企業のコスト低減を図る合理化投資の着眼点

設例 A社はリフォームで急成長している建設会社である。管理を一貫して行う女性中心の部隊総勢約20人が各家庭でリフォームを受注する。直行・直帰は当たり前で、労務管理が課題となっていた。

そんな中、総務部長は、コンサルティング会社よりインターネットを活用した労務管理・経費精算モバイルシステムの提案を受け、このシステムをX銀行と接続しようと相談に来店した。X銀行のY代理（店頭事務担当）は、すかさずシステム投入資金総額400万円を保証協会付融資で提案し、成約に至った。

A社社長からは素早い金融提案に感謝され、その後全社員の個人口座取引を一行に集約し、給与振込元受から役職員の財形をはじめとするリテール取引の獲得・拡充につながった。

着眼点 合理化投資について、インターネットバンキングの接続窓口からの情報に基づき融資に結び付けた例。それまで帰社して事務処理していたコストが大幅に軽減され、抜群の投資効果を生んだ。こうした融資は類例が多く、汎用性は高い。

営業店窓口はあらゆる相談・情報に触れられる

本例の顧客との接点はX銀行とシステムの接続相談の時点であり、この機を捉えた融資案件組成提案からは十分に学ぶべきものがある。

渉外時にこうした企業の課題が察知された場合、金融機関として親身に相談に応じ、課題解決につなげていく姿勢が求められる。企業のあらゆるコスト低減ニーズに対して、金融機関には多数の解決策があろう。

第2章　設備投資・事業合理化効率化投資資金の切り口

💣 金融が解決する企業のコスト削減策とは

設例は設備投資資金融資による「企業のコスト低減策」であるが、これにはいろいろなジャンルがあろう。以下に一例をあげる。

① 事務所と物流倉庫の距離が離れていたため、物流倉庫内に事務所を設備する。→事務関連諸経費の削減

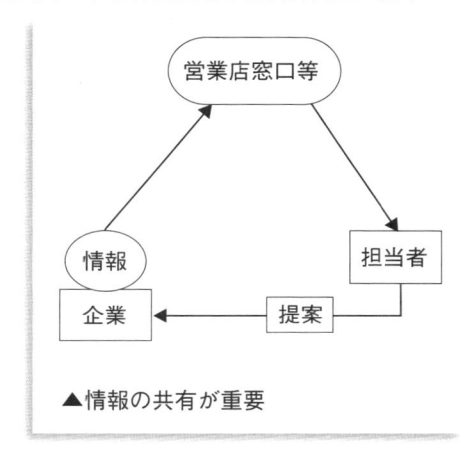

② 従業員の駅からの送迎に、マイクロバスを購入して出勤・退社時に運行する。→通勤交通費の削減

③ 本社及び工場内の照明を全てLEDに変更し、省エネ投資を実行。→光熱費の削減

設備投資をして、費用（コスト）の削減につなげる例は多数あるが、要はいかに投資効率すなわちコスト・パフォーマンス高められるかである。融資審査はこの投資効果をチェックする。

▲情報の共有が重要

💣 投資後、金融機関としてのメリット追求も価値に

融資による投資効果を確認していく過程の中で、企業がコストを軽減した部分において、金融機関として何かしらのメリットが得られれば、より価値が高くなる。本例では、経費計算口座と直結させることで、個人リテール取引の組成が主導でできる環境となった。

この投資効果を「収益」と捉えれば、その分融資条件（例えば金利条件面等）をかなり緩和できるから、ライバル金融機関に対する競争力を高めることが可能であろう。このように融資対象企業と金融機関の双方が満足できるこの切り口は、非常に付加価値が高いことを認識すべきである。

(2) 事業合理化効率化投資資金

22 人員削減につながる機械化・外注化等の資金需要対応

> **設例** 静岡県下有数の温泉で業歴62年の老舗旅館Aは、ここ数年業績はジリ貧、静かな佇まいとレトロな雰囲気は売りであったが、中途半端な価格設定で苦しんでいた。
> そのため、主人B氏は、800万円をかけてリフォームに着手した。ハイグレードな温泉を素泊まりにして料金を安くし、集客をしようというのである。
> 経費の約2割に相当する板前に退職してもらい、食事を提供しない宿にするという思い切った構想であった。
> 取引銀行のX信金は綿密な経営分析を行い、賛同の結果、満額の融資決定となった。予想どおりの経費削減効果で、利益計上に至った。

着眼点 人件費の高さに着眼して、スタッフを削減する替わりに「設備投資」を実施する融資案件の発掘である。企業は収益重視であり、これまでの金融の歴史もこれを踏襲しているのである。この視点で企業に問いかけてみると、設備融資案件は確実に発掘できると考える。

🐦 コスト・パフォーマンスの見極めが全てである

設例で、板前の年収が800万円とすると、およそ1年分の経費節約を投資に向けているのであり、売上・利益が不変であるとすると、1年で回収できる。

ただし、時代のトレンドの読み方、稼働率、価格設定と収益率と複雑な変動値を読み抜くには難易度が高い。こうしたコスト・パフォーマンスの見極めが融資審査の基本にあると言える。

第2章　設備投資・事業合理化効率化投資資金の切り口

🐦「人件費」は経営中枢の経営課題として社長に聴取

　企業の発展はオートメーション化の歴史であり、金融はそれを支えてきた。こうした、オートメーション化の中で、融資につながる着眼点の例としては次のとおりである。

```
機械化・
外注化    ──→  設備資金
投資      ──→  運転資金
   ↑
投資効果の見極め

▲収益増につながるかどうかが
　ポイント
```

　①　食品工場であるラインをロボット化するため、パートタイマー30人程度を削減、かつ24時間操業化を実現
　②　部品工場の工程の一部を外注化。そのため、原材料先渡しの先行運転資金が発生。外注経費増と人件費削減効果の比較で決定
　③　大幅組織改革で部統廃合を断行。人員を2割削減するが、社内就業環境改良・整備のための投資が必要

　本例では合理化設備投資をイメージしているが、上記例②のような運転資金需要も追加して想定される。

🐦 審査は人件費削減だけを把握せず、総合評価で判断

　投資対効果は、投資直後の人件費削減効果とは別に、売上高・販管費・収益率などについて、時間を追った推移で見て、最終判断する。
　本例では、素泊まりブームを捉えた価格低廉化策が集客を増やすのか、これが一時のブームで終わるのかは大きな違いとなる。一時のブームで終わる気配ならば早期に次の手を投入しなければならず、あくまで投資の効果を見極めなければならない。

(2) 事業合理化効率化投資資金

23 設備大量更新時の投資計画を踏まえた資金投入手法

設例 中堅企業以上になると、設備投資（研究開発投資を含む）は、中長期の経営計画に沿って極めて計画的な年度予算に従って執行されることが多い。

Ａ交通は車両を300台有するタクシー・ハイヤーの会社であり、今年度は100台の車両更新を予定している。激しいシェア争いの中、営業協力に熱心なＸ銀行が前年度の協力度合いを評価され、静態シェアの２倍以上のオファーを受けることが確実視されていた。

そんな中で準メインのＹ銀行が、一部メンテナンスリースの情報を絡ませて参入してきて、設備ハネ返り資金を一行単独で取り扱えば低利の特別ファンド枠を提供するといった提案で、強烈なアプローチをしてきていた。

着眼点 明確な設備投資計画のある一握りの企業は、決算発表等の経営情報開示の時期から取引金融機関のアプローチを受ける。ほとんどシェア争いの様相で、調整はほとんど過去の営業協力や特別にメリットのある提案で行われる。支店長や役員外交で決まるとも言われ、情報を正確に収集することが獲得の生命線である。

大型設備投資の更新需要は営業協力を絡ませられる

本例の定例更新投資ケースであれば、車両メーカーや販社の紹介で便宜を図るなど、それぞれの金融機関はその取引関係を駆使した営業協力に注力する。そのほか年間の功績をアピールし、シェア調整を有利なものとすべく折衝する。年一度の設備調達には各行最大の努力を払うので

第2章　設備投資・事業合理化効率化投資資金の切り口

ある。
　ただし、あくまで本業は「金融」であり、合法的・常識的範囲での交渉とすべきである。

🕊 設備調達は期間・金利・担保条件が最大の関心事

　定例一斉の資金調達の場合ではシ団方式ではない限り、各行のスタンスが評価される。いい意味でリーダーシップをとることが得策である。
　① 期間は償却範囲内最大のものを提供すべきであろう。資金繰り安定には、中途繰上げ返済が可能な長期間の取上げが好まれる。
　② 金利は低コストであることは当然ながら、固定・変動の別は当該企業のニーズに合わせる。
　③ 担保条件は一概に言えないものの、最終的には各行同調に収束することが予想される。
　以上の変動要素を含めて、最終的には一本化が図られ、シェア分担となるのが一般的であるが、個別に異なる場合には、事後フォローをしっかりとしておくことが必要である(次年度の参考とされることが多いため)。

🕊 意外に盲点となるのは「設備ハネ返り資金」の存在

　「設備ハネ返り資金」とは、過年度に調達した設備資金の返済額が償却前利益を上回ると資金不足となるが、これを補てんするために調達を必要とする資金をいう。通常は年度の設備資金調達の際に合わせて借入申し出となることが多く、金融側としてはシェア調整に使える部分でもある。
　本例では、Y銀行が特別ファンドで攻勢をかけてきているが、毎年度の限られた融資投入時期に、こうして融資シェアを確保しようとするのである。
　一定の融資シェアがあれば、さらに年度内に発生する個別の設備資金需要にも、正々堂々と挙手していくことができるのである。

(2) 事業合理化効率化投資資金

24 企業の福利厚生に着眼した融資セールス手法

設例 A医療法人はB市内に2カ所の総合病院と介護老人保健施設を有する中堅組織である。課題は看護師・介護士の人材不足。そこで、これを解決するために、各院内に託児所を併設するプランを理事長が打ち出し、企画検討に入っていた。

しかし、院内での造作でスペースは確保が可能なものの、保育士の調達という人件費も想定しなければならず、総投資額は約2億円を超える見通しである。メインのX行は、この投資についてやや非効率で過剰投資との見解を示した。

その情報を入手したB市に本店を構えるY信金(A法人とは未取引)が、B市駅前の保育施設の買収案件を持ち込んだ。買収金額は約1億円と現在計画の半分の規模で、A法人の各施設と保育施設との間はバスで送迎する計画である。

着眼点 設備融資案件で意外に多いのが、この「福利厚生」テーマである。しかし、企業体力が十分であっても、福利厚生に対する投資には慎重となるのが通例。したがって金融側からの提案は、相当吟味したものでないと受け入れられない。Y信金は地元情報を駆使して乗り込んで来たものといえる。

🦜 福利厚生テーマの融資はどこでも開拓できる

「人の定着」はどの企業でも生命線にあるテーマである。よって、ジリ貧に陥っている企業でも、多少の投資のニーズがある。社宅を確保するため企業が負担する敷金の融資からあり得るのである。しかし、一般

第2章　設備投資・事業合理化効率化投資資金の切り口

には体力がある企業に大案件が潜んでおり、提案次第では一行調達がある。ただし、提案は研ぎ澄まされたものである必要があろう。

📌 福利厚生のテーマの着眼点とは

　福利厚生とは従業員の経済的保障を手厚くすることで、組織貢献度を高め、勤労意欲や能率の向上を図る目的がある。したがって、どの企業も真剣に検討するものである。融資の着眼点は、①住居（家賃補助・借上げ・社員寮社宅・住宅貸付）、②保険（健康保険・雇用保険・団体保険等）、③年金（厚生年金・共済年金・企業年金）、④子育て支援、⑤資格取得支援、⑥保養所、⑦社員食堂、⑧社員旅行、⑨クラブ活動補助、等幅広く、いずれも融資に直結する。

　しかし、経費節減のための見直しやアウトソーシングへの切替えもあり、安易な提案ではなかなか受け入れてもらえないことが多く、難易度は高い。仮に受け入れられても、企業の本業へのプラス効果が、保守的に見て、資金繰りや投資計画に組み込まれず、コストや支出のみ計上されることから、償還計画で問題視されることが極めて多い。Ｘ行としても、取りあえず過剰投資とし牽制をかける構図は十分あり得たのである。

📌 専従託児所がオープン

　Ｙ信金の提案はＸ行としてもセンセーショナルであったに違いない。しかも、１億円の投資のみで、支配下に託児所を収め、傘下の別会社での運営であるために、限界的な投資のランニングコストはバス送迎程度と申し分ない条件となった。

　果たして、Ｙ信金の売り込み提案はＡ法人理事会ですみやかに決定され、専従託児所として大々的にオープンした。Ｙ信金は念願のＡ法人の新規取引を獲得し、一方Ａ法人としても求人募集に「託児所完備」を掲げ、安定人材確保に大きく前進できたのであった。

第3章

不動産を切り口にした融資の着眼点

25 不動産融資のメリット 融資先から関連・取引先波及効果—1

> **設例** 不動産融資のメリットは単に融資が1件達成されるだけではなく、その融資先からのその先の関連・取引先への銀行取引、また新たな融資機会の創出への波及効果にある。X信用金庫のY君は、このサイクルを熟知しているため常によい営業成績を収めている。

着眼点 1件の不動産融資からその先への融資波及効果をどれくらい生ませられるか、そのことを考えて取り組めば、銀行取引における営業チャンスはかなり膨らんでいく。

🔍 不動産融資実行により金銭収支の関係者が多数生じる

不動産融資、特に賃料を取る収益物件に対する融資については、その融資を契機にして、横軸的に取引先を獲得できるという波及効果が期待できる。図表は、1つの収益不動産に関わる関係者の収支相関図である。収益不動産物件への1件の融資によって、金銭収支の関係者が多数生じることがわかるだろう。

🔍 期待できる具体的な取引

(1) オーナー

金融機関としては融資先のオーナーに口座を設けてもらい、そこに賃料収支をすべて集めて銀行返済も含めたすべての支払をお願いすることは当然である。

(2) 管理業者・出入業者

さらにこの資金の流れをスムーズにするために、関係者全員に当該金

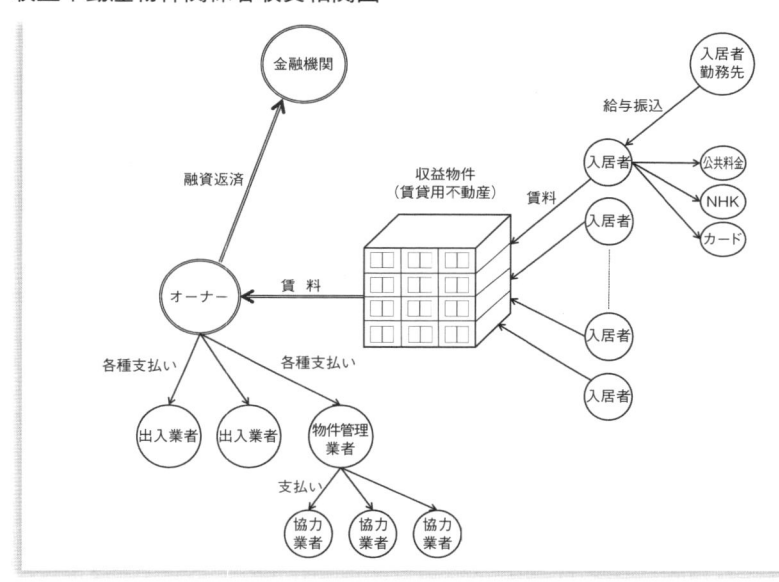

収益不動産物件関係者収支相関図

融機関の支店に口座を開設してもらう。管理業者・出入業者側は資金を受け取る側だからこうした依頼は受けるものと思われる。

(3) 収益物件の入居者

　資金（賃料）を支払う側の顧客（入居者）に口座開設を依頼することは難しいが、アパート・賃貸マンションのような場合は、立場的にこうした依頼には同意するものである。

　金融機関としては、入居者に家賃口座振替の預金口座を開設してもらうことができれば、その支払源資である勤務先の給与の振込口座に指定してもらうことも可能となり、そうなれば自動的に公共料金・NHK・カードなどすべての支払もその口座に移すことになるはずである。

　こうして、1件の収益不動産物件への融資はそのオーナーを通じて何倍もの取引先の新規開拓につながっていくのである。

26 不動産融資のメリット 融資先から関連・取引先波及効果—2

> **設例** 不動産融資は、融資先の関連・取引先への波及効果狙い、いわば横軸メリットだけにとどまらない。不動産融資のメリットのもう1つは縦軸メリットつまり、時系列的に追求してその1つの融資の波及効果を狙う、というものもある。X信用金庫Y君はこの点も重視している。

着眼点 1件の不動産融資における不動産取引の資金を時系列的にどこまで追求するのかも、銀行取引の営業チャンスである。

土地から建物に至る営業チャンス

1件の不動産融資の資金は時間的経過に従ってその取引関係者の間を流れていく。この関係を見ると図表のようになる。

①〜⑥までの資金の流れは融資を実行する金融機関主導で行うが、点線で描いた土地売主が受領した土地代金の行方を追い自行へ預金してもらうことを忘れてはいけない。さらに建設会社への建物代の融資金についても当該建設会社との新規取引を開始して受入口座を新設したり、その後の本格的な法人取引を進めていく。

「売る側」にも目を向けて資金を「回収」

不動産融資は融資したその資金の流れをつかむことでその行く先に営業をかけ、金融機関にメリットとなるような取引を開拓・発展させていくことができるのである。他の融資と違ってその点が特徴だと言えよう。

不動産取引には必ず表側と裏側つまり買う側と売る側がある。買う側

第3章　不動産を切り口にした融資の着眼点

不動産金融の連続性

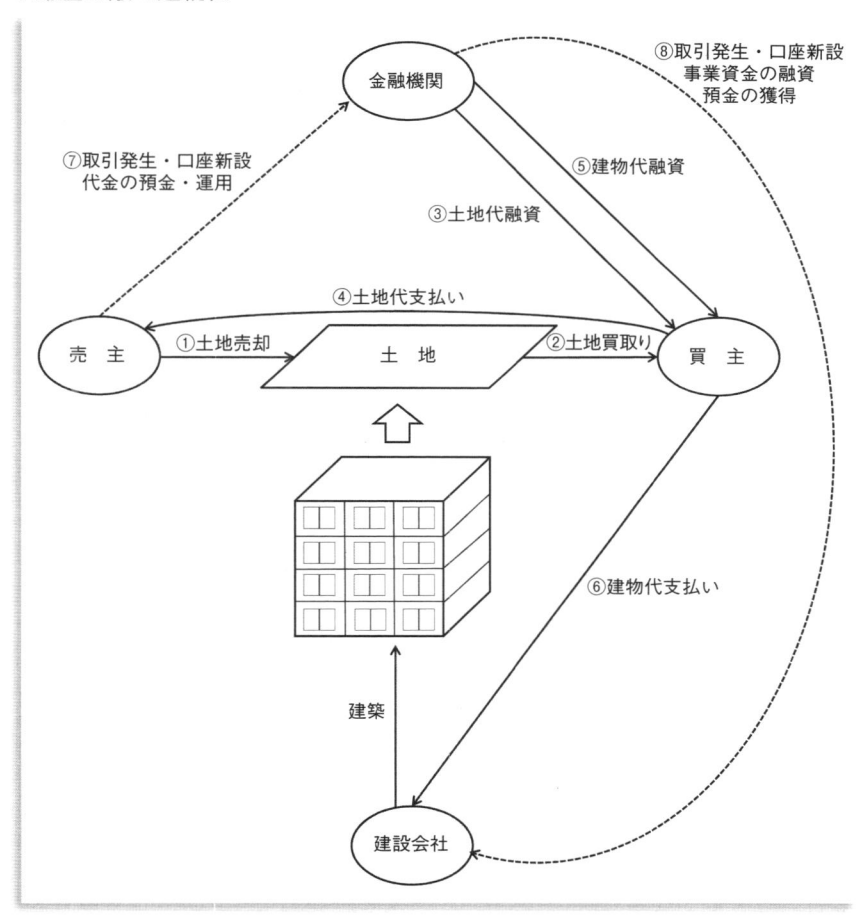

```
                        金融機関
                                    ⑧取引発生・口座新設
⑦取引発生・口座新設              事業資金の融資
  代金の預金・運用                  預金の獲得
                    ⑤建物代融資
             ③土地代融資

          ④土地代支払い
  売主  ①土地売却  土 地  ②土地買取り  買主

                    ↑
                   建築
                建設会社          ⑥建物代支払い
```

　の融資だけでなくその反対側の売る側にも目を向けて資金を「回収」する営業が、不動産取引において「相手が見える」ため可能となる。これを資金トレースによる「不動産金融の連続性」という。

63

27 不動産資産家へのアパート等収益建物建設提案

> **設例** A氏はB県に広大な更地を保有している。X銀行の担当者Y君は、A氏より「あるハウスメーカーより、借金をしてアパートを建設すると相続税が非常に節税になるという提案を受けているのだが、これは具体的にどういう仕組みなのか」という質問を受けた。Y君はさっそく具体的な試算例を作成し、建設会社と共に訪問、好感触を得た。

着眼点 資産家とはいえ、一般的に不動産のプロではなく税制に詳しいわけではない。具体的な数字で示して、「いくら借金するといくら節税になる」というように説明するのがポイントとなる。

現預金と実物資産との差を活用

相続税節税の方法にはさまざまあるが、その代表的な方法は現預金と実物資産の評価差を活用するもの。現金1億円ならば相続財産評価額は1億円だが、これが実物資産ならば、80％評価や50％評価になるもの、さらには20％評価とされるものもある。その差額の2,000万円から8,000万円もの金額だけ相続財産の評価額が減少し、その分相続税が節税されるという仕組みである。

貸家建付地と借入金の効果

さらに、土地は更地にして保有しているよりも、その土地に貸家（アパート・マンション等）を建てたほうが、貸家建付地として相続財産評価額が下がる。例をあげれば次のとおり（図表参照）。

第3章　不動産を切り口にした融資の着眼点

借入金のアパート建設による相続税節税モデル

```
現　状
　　相続税評価額1億円　　　相続税率50％とすると
　　┌─────────┐　　　　相続税＝1億円×50％＝5,000万円
　　│　更　地　│
　　└─────────┘
            ↓
　　┌金融機関┐
　　└────┘
      │1億円融資
      ↓
　┌─────────┐　　⊕財産
　│借入金1億円で│　　土地1億円×貸家建付地評価約80％
　│アパートを建設│　　＝8,000万円
　├─────────┤　　アパート1億円×固定資産税評価70％
　│貸家建付地　│　　×貸家評価70％＝4,900万円
　└─────────┘　　合計　12,900万円

　　　　　　　　　　　⊖財産
　　　　　　　　　　　借入金1億円

　　　　　　　　　　　差引⊕財産
　　　　　　　　　　　12,900万円－1億円＝2,900万円
　　　　　　　　　　　相続税
　　　　　　　　　　　2,900万円×50％＝1,450万円

　　　　　　　　　┌─────────────────┐
　　　　　　　　　│相続税節税額　　　　　　　　　│
　　　　　　　　　│5,000万円－1,450万円＝3,550万円│
　　　　　　　　　└─────────────────┘
```

〈更地土地（評価額1億円）保有〉
・土地評価1億円×税率50％＝相続税5,000万円
〈上記土地に借入金1億円で賃貸マンションを建築〉
・土地評価1億円×貸家建付地評価約80％＝8,000万円
・建物評価1億円×固定資産税評価70％×貸家評価70％＝4,900万円
・土地建物合計の相続財産評価額は、1億2,900万円
・借入金1億円は消極財産のため、1億2,900万円－1億円＝2,900万円に相続税が課税され、税額は2,900万円×50％＝1,450万円となる。

　このように、更地土地保有では5,000万円の相続税がかかるところ、借入金1億円で賃貸マンション建設の場合の相続税額は1,450万円になるので、3,550万円が節税額となる。
　この点をしっかりと説明し、顧客にメリットを感じてもらえることができれば、本例のように相応の融資プランへの道筋が見えてくる。

28 タワーマンションを活用する融資モデル

設例 X銀行のY君は、都市部の「タワーマンション」の利用が相続税の節税対策として注目を集めていることを知った。スキームを調べ上げ富裕顧客A氏に持ちかけてみたところ、効果があるなら借入金で1戸買ってみようということになった。

着眼点 タワーマンションを利用した相続税の節税が具体的にどれくらいできるのかを一般的な例をあげて金額で示すことが重要である。

🔎 タワーマンションの特徴を生かした節税手法

　一般に、タワーマンションの上層階は「億ション」と呼ばれるほど高価である。とはいえ、タワーマンションであっても、相続税評価額については、土地は路線価、建物は固定資産税評価額と決まっている。

　そして、タワーマンションの場合、土地の比率がマンション価格全体に対して非常に小さく、また建物は低層階も高層階も一律に固定資産税評価額なので、上層階の相続税評価額は図表のようにマンション価格の30％以下となることも十分想定できる。

　そのため、相続税節税対策用に、借入金によってタワーマンションの上層階を購入すると、大きな節税につながる。ただし、タワーマンションの価格が取得時に比べて値下がりし取得時価格で売却できないと、相続税を節税したことにならなくなってしまうから、注意が必要である。

　一般に、こうした借入金金額と、実物不動産の相続税評価額との差を狙った相続税節税対策を「債務控除」狙いの相続税節税というが、ここではこの例を使ってさらなる効果的な手法を紹介したい。

第3章　不動産を切り口にした融資の着眼点

タワーマンションを利用する相続税節税モデル

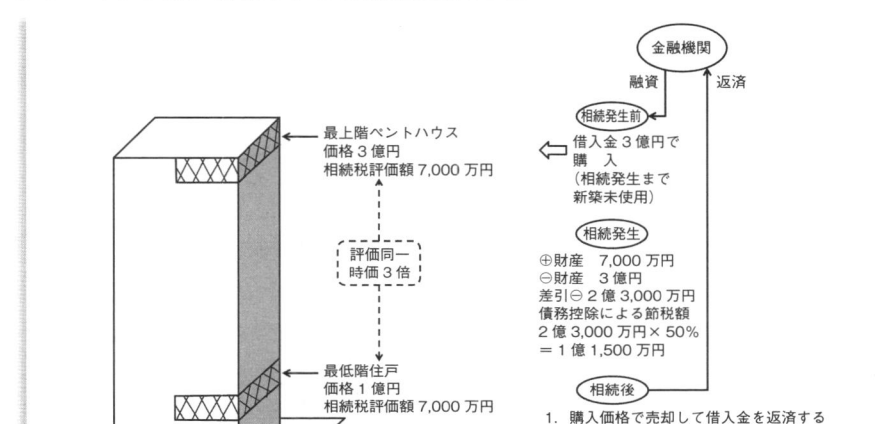

```
最上階ペントハウス
価格 3 億円
相続税評価額 7,000 万円

評価同一
時価 3 倍

最低階住戸
価格 1 億円
相続税評価額 7,000 万円
```

金融機関
融資　返済

相続発生前
借入金 3 億円で
購　入
（相続発生まで
新築未使用）

相続発生
⊕財産　7,000 万円
⊖財産　3 億円
差引⊖ 2 億 3,000 万円
債務控除による節税額
2 億 3,000 万円 × 50％
＝ 1 億 1,500 万円

相続後
1. 購入価格で売却して借入金を返済する
2. 高級賃貸マンションとして保有して収益によって借入金を返済する

相続時精算課税制度の活用

　この借入金によって購入したタワーマンションを、親が子に相続時精算課税制度を使って贈与する。その際、借入金の債務は親に残したまま、不動産所有権とその名義を子へと変更する（この場合、当該融資契約上の金融機関との調整が必要）。これによって贈与税が発生するが、支払った一定額の贈与税額は相続時精算となるので、一般の高税率の贈与税とは違い、結果的に相続税額と同じ率の税額となる。

　しかも、親には借入金が残り、その金利は親の資産から支払われるため、その分親の相続財産が減少する。一方、タワーマンションを賃貸しした場合、賃料収入は親の財産へ加算されず、子の所得となる。このように、所得が親子に分散されるから、親のほうが所得が高く所得税も多い場合などは、所得税の節税ともなる。

　子は、数年後に当該タワーマンションを相続し、そのうえでそれを売却して借入金を返済すればいいわけである。

29 相続時精算課税制度を利用した親子関係ローン組成

設例 相続時精算課税制度は従来の多額な納税を必要とする一般贈与と違い、将来の相続税と最終的に同率の納税となる。この制度はさまざまな使い方がある。Ｘ信用金庫のＹ君は同制度の利用を前提としたアパート建築による各種節税プランをわかりやすくまとめた資料を土地持ち資産家訪問のたびに配布したところ、Ａさんから具体的な相談を受け、このたびアパート建築資金のローン組成に成功した。

着眼点 親が融資によりアパートを建て、相続時精算課税制度を利用して子供に贈与することによって、①相続税の節税、②遺産分割の道筋がつく、③所得税の節税、などの効果が期待できる。

相続時精算課税制度活用による相続税軽減

不動産資産家の既有の未利用地、もしくは古アパートの建替え時に、新規融資 5,000 万円によってアパートを新築する。その融資負担は父親のままにして、相続時精算課税制度を適用しアパートを子供へ贈与する。時価 5,000 万円のアパートの贈与の評価額は約 2 分の 1 の 2,500 万円なので、この分が同制度の適用によってそのまま税負担なしで子供へ譲ることができる。

父親には相続時の債務となる新規融資 5,000 万円が残るので、この分の債務控除効果によって相続時には税率 50％ としたら、相続税が 1,250 万円（⊕財産 2,500 万円、⊖財産 5,000 万円、税率 50％）軽減される。

68

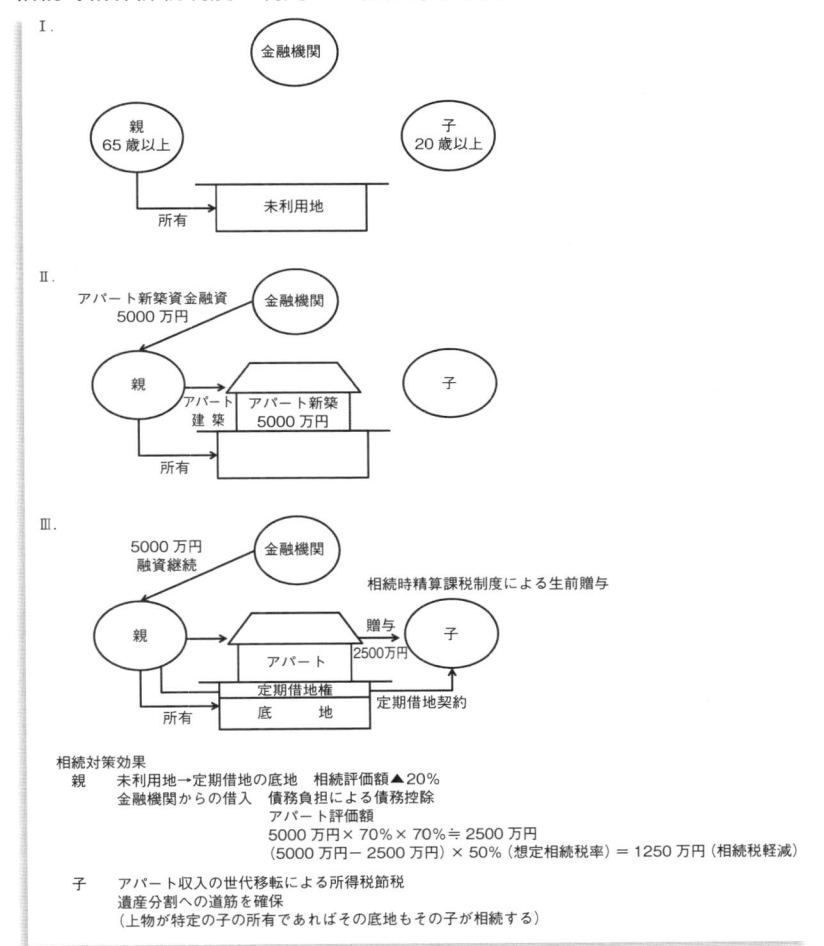

第3章　不動産を切り口にした融資の着眼点

相続時精算課税制度を利用した相続対策融資モデル

Ⅰ．

```
        金融機関
  親              子
65歳以上         20歳以上
    │所有
    └──→ 未利用地
```

Ⅱ．

```
   アパート新築資金融資
      5000万円
            金融機関
    親                    子
    │アパート    アパート新築
    │建築        5000万円
    │所有
```

Ⅲ．

```
    5000万円
    融資継続
             金融機関
                        相続時精算課税制度による生前贈与
    親                    贈与     子
    │         アパート     2500万円
    │         ───────
    │         定期借地権   定期借地契約
    │所有      底  地
```

相続対策効果
  親　　未利用地→定期借地の底地　相続評価額▲20％
　　　　金融機関からの借入　債務負担による債務控除
　　　　　　　　　　　　　アパート評価額
　　　　　　　　　　　　　5000万円×70%×70%≒2500万円
　　　　　　　　　　　　　(5000万円－2500万円)×50％(想定相続税率)＝1250万円(相続税軽減)

  子　　アパート収入の世代移転による所得税節税
　　　　遺産分割への道筋を確保
　　　　(上物が特定の子の所有であればその底地もその子が相続する)

🐦 所得税も軽減

　また、このアパートの年間収入が5,000万円×10％の500万円としたら、この分の所得が子へ移転分散されるので、所得税の節税ともなる。さらに、父親が相続発生時までアパートを保有していると税引後所得が

相続税に加算されるが、生前に子世代へ移っていれば、この分の相続税も節税となる。

　なお、このアパートと土地との関係が単なる使用貸借では、土地の相続評価は自用地扱いで100％となる。そこで、親子間で「定期借地契約」を結んでおけば、地代は固定資産税の3倍程度かかるが、保証金、権利金は一切不要で、その土地の相続時評価額は20％減となる。

　そして、この土地の遺産分割について特定の相続人が取得する道筋をつけることにもなる。

　以上、顧客にとっては一石何鳥かわからないくらいのメリットが生じるから、こうした各種のポイントをきちんと説明できる態勢を整えていれば、金融機関としても、顧客に喜んでもらい安全・確実な新規融資の案件が創出されることになる。

相続時精算課税制度の概要

	相続時精算課税制度
適用対象者	65歳以上の親から20歳以上の子への贈与
届出	必要（兄弟姉妹ごと、父母ごとに選択）。一度選択すれば相続時まで継続適用
非課税枠	2,500万円（限度額まで複数回使用可）
税率	一律20％
相続時精算	あり（贈与時の評価額で合算、納付済み贈与税額は相続税額から控除可能）

※税制改正の内容

	【改正前】	【改正後】
受贈者	20歳以上の推定相続人のみ	20歳以上の ・推定相続人 ・孫
贈与者	65歳以上の親	60歳以上の親・祖父母

（開始時期）平成27年1月1日以後の相続または遺贈

30 遺産分割未了共有の売買に絡む融資で「争族」解決

設例 X銀行のY支店長は、30年もの長きにわたって遺産分割争いをしている親密先A氏より、この「争族」の解決法は何かないものだろうかと相談を受けた。これが解決しないとこの財産を売ることも担保に入れて融資を受けることもできないという。Y支店長は、僚店のZ支店の取引先不動産事業者Bを介在させ、この問題の解決策をプランニングした。

着眼点 遺産分割未了共有の持分は第三者へ売却することができる。遺産分割争いに無関係な第三者への売却により、「争族」解決の道筋がつくことが多い。ただし、当然売却価格は非常に安くなる点に注意を要する。

🔍 遺産分割未了共有持分の第三者への売却による遺産争いの決着

　不動産をめぐるトラブルは法律・経済（金銭）・人情の三つ巴の問題なのだが、遺産分割争いは「兄弟喧嘩」であるため、特に人情面が強く出る。争いが長引くとまれに何十年という場合もある。

　このような超長期戦の遺産分割争いでは、「もうお金の問題ではなくなってしまっている」「相続争い自体をやめたい」と当事者が思っているケースも多く、その場合の解決策の1つとして、遺産分割未了持分を第三者に買い取ってもらう方法がある。

　当事者の一方が第三者となれば、さすがに兄弟喧嘩にはならない。法律・経済・人情という問題のうち人情がなくなると、法律と経済の理論による交渉となり、何十年来の争いが一気に解決するのである。

遺産分割未了共有持分の売買による遺産争い決着モデル

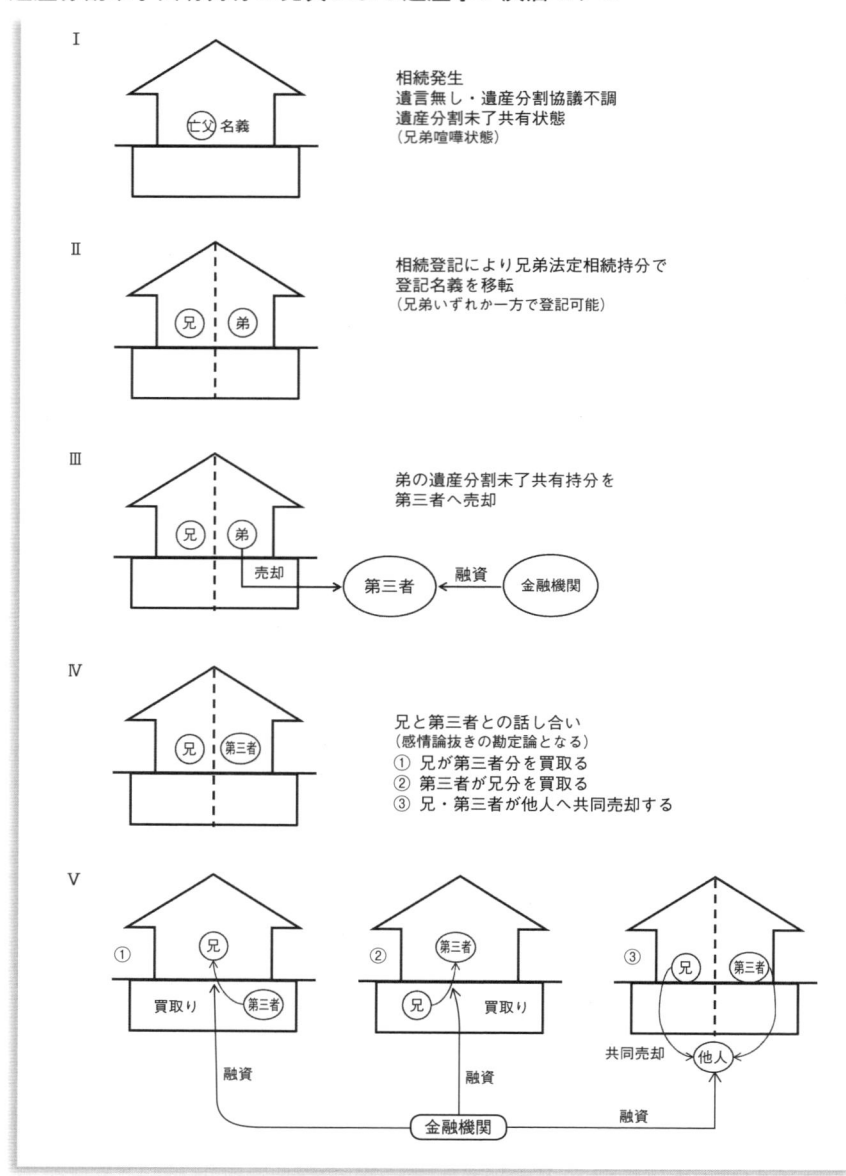

Ⅰ 相続発生
遺言無し・遺産分割協議不調
遺産分割未了共有状態
（兄弟喧嘩状態）

Ⅱ 相続登記により兄弟法定相続持分で
登記名義を移転
（兄弟いずれか一方で登記可能）

Ⅲ 弟の遺産分割未了共有持分を
第三者へ売却

Ⅳ 兄と第三者との話し合い
（感情論抜きの勘定論となる）
① 兄が第三者分を買取る
② 第三者が兄分を買取る
③ 兄・第三者が他人へ共同売却する

Ⅴ
① 買取り
② 買取り
③ 共同売却

融資　金融機関　融資

72

具体的スキーム

遺産分割未了共有持分の売買方法は、はじめに相続物件に対して法定相続人全員の法定相続持分割合で所有権登記をする。これは相続人なら誰でも1人で登記することができる。その後、登記された共有持分*を第三者へ売却する。第三者に売却した後は、図表のVのように、①残る相続人が第三者から買い戻す、②残る相続人が第三者に売却する、③残る相続人と第三者が別の第三者に共同売却する、といったことが考えられる。

筆者の経験では、当事者の一方が第三者となってしまうと、人情論がなくなり、また長期の争いでは相手方も相当歳を取っていることから、このあたりがもう「潮時」と思うのか、一気に話合いで解決してしまうケースが多い。しかし、話合いは別としてあくまで法的手続をとるならば家庭裁判所における遺産分割の調停・審判となる。

*この場合の共有持分は民法249条以下に定める一般的な共有ではないので、共有物分割請求による共有物の分割はできない。

融資の実現

金融機関としては、第三者が最初に相続人から共有持分を買い取る資金、残る相続人が第三者から買い戻すための資金、第三者が残る相続人から相続分を買い取る資金、などの融資案件が見込めることとなる。

31 リバースモーゲージで老後生活と「争族」も解決

設例 X銀行Y君の長年の親密先A氏は会社を引退、熟年夫婦でアクティブに生活している。自宅のローンは完済しており、子供たちは皆独立し、いわば悠々自適の生活である。しかし、約2,000万円の預金の金利は今どきでわずかで、また年金は十分とはいえず、さらにアクティブに生活するには満足できていない様子であった。Y君は思い切って自宅を担保に入れて、必要な資金を随時借り出せる自行の「リバースモーゲージ」の商品を奨めた。

着眼点 夫婦ともに自宅資産を子供たちへ残すつもりはないとのことであれば、リバースモーゲージというプランを提案できる。自宅はなくなるので、相続が争族になるおそれも少なくなる。

🏠 子に家を遺す必要性は薄れている

　日本人のリタイアした比較的裕福な夫婦の平均像は、自宅持ち家でローンはすでに完済、その資産価値は首都圏であればおよそ5,000万円、金融資産は退職金も含めて主として銀行預金で2,000万円、そして、日々の生活のための公的年金は夫婦で約20万円〜30万円といったところだろう。

　将来、夫婦ともに相続が発生した時に、子供たちには自宅1軒と相応の預金を残せるが、親が長生きする時代では、その子供も親から自宅を相続で譲り受けるのは50歳、あるいは60歳以上となることが想定される。

　その年齢で自宅を相続したとしても、すでに持ち家を持っていることの多い子供としては、何十年も馴染んでいる自分で取得した家に住むも

第3章　不動産を切り口にした融資の着眼点

リバースモーゲージで老後生活と争族も解決

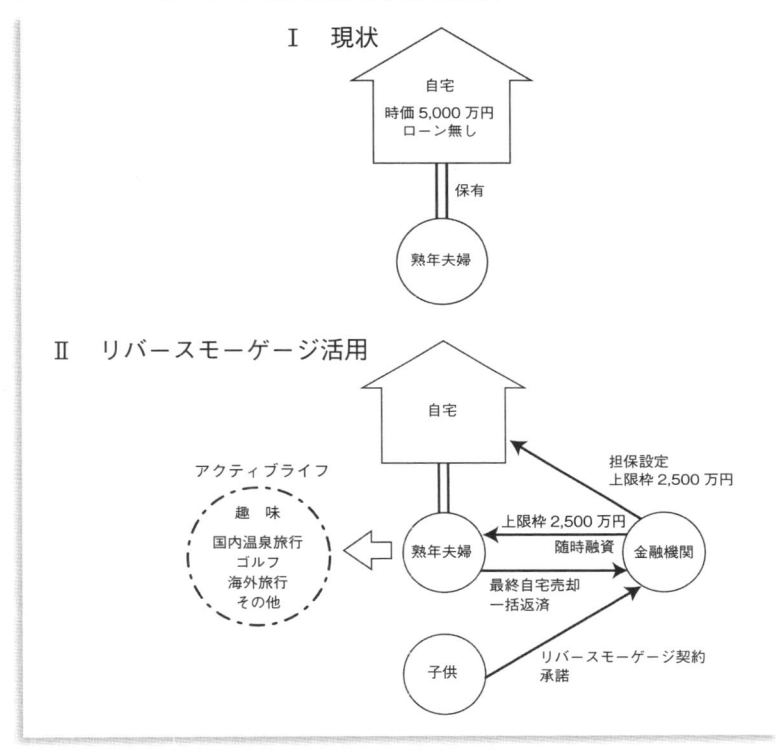

Ⅰ　現状

自宅
時価5,000万円
ローン無し

保有

熟年夫婦

Ⅱ　リバースモーゲージ活用

自宅

担保設定
上限枠2,500万円

アクティブライフ
趣　味
国内温泉旅行
ゴルフ
海外旅行
その他

熟年夫婦　　上限枠2,500万円　　金融機関
随時融資

最終自宅売却
一括返済

子供　　リバースモーゲージ契約
承諾

のである。そして遺産となった親の家は貸すか、売るかである。

リバースモーゲージの効用

　そうであるなら、親は積極的に子に家を遺す必要はない。
　余生をよりアクティブに過ごそうと考えるなら、ローンの完済した自宅（持ち家）についてリバースモーゲージを使えば、経済的にはそれをかなえることができる。また、相続時に残存の価値があればその時点で売却してそのお金を子供たちで均等に分ければ遺産分割争い、いわゆる「争族」の心配もなくなる。

32 遊休地の目的を考慮した収益不動産建設資金提案

設例 自己使用しない余剰の更地の土地を保有する地主・不動産資産家Aさんは、その土地を保有することによって生じる固定資産税などの税金、夏の草刈り費用、誰かが勝手に侵入しないようにするためのフェンス工事費など、多額となる維持費に悩んでいた。ただしAさんとしては、将来の相続に備えて、その土地については物納用に更地のままにしておきたいという。

そこで、X銀行のY君は、融資金により当該土地に賃貸マンションを建て、建物と共に、建物の贈与価額分の債務と合わせて子に贈与するというプランを説明した。

着眼点 遊休地活用のための融資による収益不動産建設の提案は多くの金融機関によっても比較的広く行われているが、一般的に相続税の節税を強調アピールしている場合が多い。相続税の節税以外の利点についても訴求すべきである。

🔔 5つのメリットを生む融資プラン

相続税評価額1億円の土地を保有する地主が、金融機関から1億円の融資を受けて賃貸マンションを建て、建物を負担付で子に贈与するスキーム例は次頁のとおり（図表参照）で、その効果を以下に解説する。

（1）土地有効活用

更地であった土地が賃貸マンションを建てることによって収益を生む土地になる。

第3章　不動産を切り口にした融資の着眼点

土地有効活用と相続対策の同時一括対策

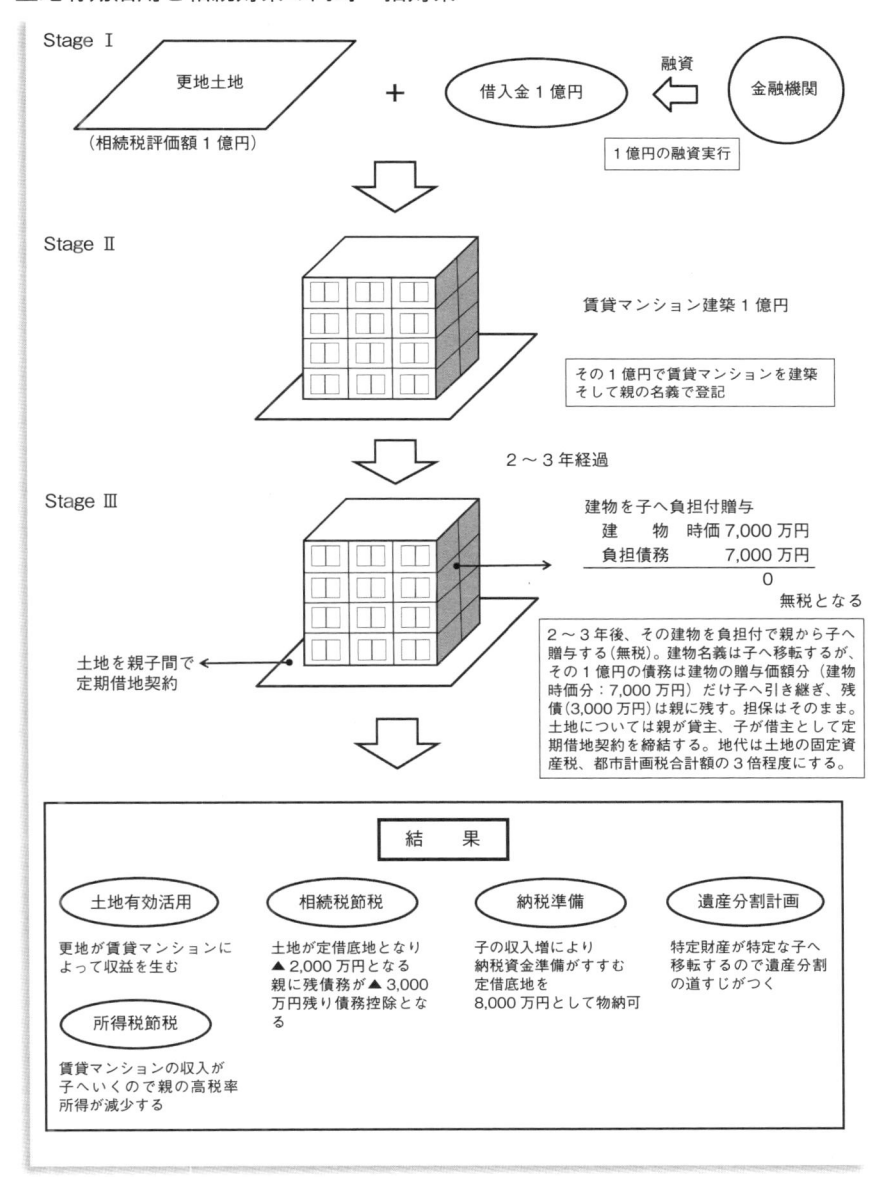

Stage Ⅰ

更地土地
（相続税評価額1億円）
＋
借入金1億円
← 融資 ―
金融機関

1億円の融資実行

Stage Ⅱ

賃貸マンション建築1億円

その1億円で賃貸マンションを建築
そして親の名義で登記

2～3年経過

Stage Ⅲ

建物を子へ負担付贈与
建　　物　時価7,000万円
負担債務　　　　7,000万円
　　　　　　　　　　0
　　　　　　　無税となる

土地を親子間で定期借地契約

2～3年後、その建物を負担付で親から子へ贈与する（無税）。建物名義は子へ移転するが、その1億円の債務は建物の贈与価額分（建物時価分：7,000万円）だけ子へ引き継ぎ、残債（3,000万円）は親に残す。担保はそのまま。土地については親が貸主、子が借主として定期借地契約を締結する。地代は土地の固定資産税、都市計画税合計額の3倍程度にする。

結　果

土地有効活用
更地が賃貸マンションによって収益を生む

相続税節税
土地が定借底地となり
▲2,000万円となる
親に残債務が▲3,000万円残り債務控除となる

納税準備
子の収入増により
納税資金準備がすすむ
定借底地を
8,000万円として物納可

遺産分割計画
特定財産が特定な子へ移転するので遺産分割の道すじがつく

所得税節税
賃貸マンションの収入が子へいくので親の高税率所得が減少する

77

(2) 所得税節税

所得の多い不動産資産家の親に代わって、その賃貸マンションの収益を所得の少ない子が受け取るので、親に適用される所得税率が低くなり親子合計での所得税が節税となる。

(3) 相続税節税

親の持つ土地は定期借地契約の底地となるため相続税評価額が20%減の8,000万円となる。また、融資残債を親に残すので相続時の債務控除が3,000万円となりこれらの分で相続税が節税となる。

(4) 相続税納税資金準備

子が賃貸マンションを保有してその収入を相続税の納税資金の準備として蓄えていくことができる。

相続発生後も賃貸マンションの安定収入があるのでそれを相続税の延納財源とすることもできる。

定期借地権の底地は相続後、条件によっては土地の相続税評価額の80%評価で物納することができる（定期借地権の底地の評価は借地人が第三者の場合は60%だが、親子のような特殊関係者の場合は80%となる）。

(5) 遺産分割計画

当該土地上の建物を生前に特定の相続人へ贈与することは、その底地の土地についても相続発生後の遺産分割において、そのままその相続人へその土地を相続させようという道筋をつけることになる。

相続人が複数いる場合は、いくつかの土地でこの方式をとり、各々の相続人にそれぞれの不動産が相続されるようにしておくことは遺産分割で争いを起こさないための秘訣となる。

33 貸宅地整理に伴う融資組成—1（借地人の底地買取り）

設例 不動産資産家層にとって不良資産とは2種類あり、その1つは物理的に不良な土地・建物でありハード不良のものである。もう一方は貸宅地・古貸家・古アパート・遺産分割未了資産などいわばソフト不良のものである。その中でも代表的な貸宅地の整理は、借地人の底地買取りによって解決できるケースが多い。

これに目をつけたX信用金庫のY君は、資産家Aさんに貸宅地の売却を提案し、借地人Bさんに購入資金に対する融資を実行するに至った。

着眼点 貸宅地が資産運用効率面からあるいは相続対策上の面からいかに不良資産であるのかを資産家に理解してもらうのが難しい。本人は借地人を大勢抱えて問題視していない。ここを説得することがこうした案件の急所である。

借地人の底地購入ニーズ

地主にとって、筆頭不良資産である貸宅地を整理することは、相続対策上最大急務の重要課題である。本来、それら貸宅地はすべて生前に整理してしまうべきものである。

借地権（旧法）は、地主に地代を払い、ただ単に家を建ててそこに住む、あるいはアパートを建てて家賃を取るのであれば問題は何もない。土地賃貸借契約の期限（20年～30年）が到来して地主が契約を更新してくれなくても、借地法という法律で特別に保護されているため、そこを追い出されることはない。このように借地権はただ使っているだけならば

地主に対して強力な権利を持っている。

　しかし、建物が古くなって大規模修繕を行ったり、建て替えたり、あるいはその土地から引っ越すため借地権を第三者へ売却しようとすると、地主の承諾が必要になる。借地権はこの時、その弱さを露呈するのである。

　したがって、借地人にとって、借地権の下の土地、すなわち底地を地主から買い取って所有権を自分のものとすることは「念願」である。資金さえ用意ができれば借地人はほぼ全員、底地を地主から買いたいのである。

底地売却による新規融資案件の創出

　地主が底地を借地人に売却するとなれば借地人は相当無理をしても買うものである。そこで地元金融機関としては、貸宅地整理をしたほうが好ましい地主とその底地をぜひ買いたい借地人に対して、底地買取資金を借地人へ融資することで、両人からたいへん喜ばれることになる。

　こうした案件は、金融機関としては借地人に対してその底地買取資金を融資し、その受取人である地主からはその資金を預金という形で吸収することができ「一石二鳥」の効果がある。

　担保としてはその購入する土地を差し入れてもらう。借地権の付いている底地には、地主が抵当権などの権利を設定していることは少なく、また、底地分の買取価格の融資なので、その土地の所有権価格から見れば、おおむね20％〜30％程度の融資のため、問題はほとんどない。

　返済力、担保力ともに良好な融資が実行できて、その資金を再び預金で獲得できるということである。

借地人の自宅新築で住宅ローン案件

　借地人は今まで他人の土地を借りていたので古い家でも我慢するものだが、その土地も自分の所有となると、家の建替えや改築を考えるよう

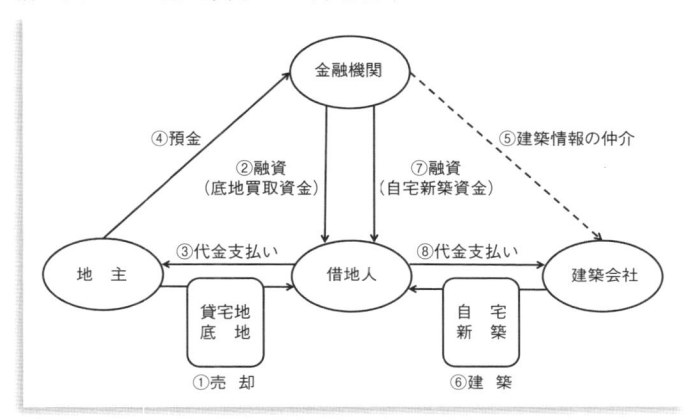

第3章　不動産を切り口にした融資の着眼点

借地人による底地買取り・自宅新築モデル

```
                        金融機関
            ④預金    ／  ｜  ＼    ５建築情報の仲介
                ②融資      ⑦融資
              （底地買取資金）（自宅新築資金）
                ↓            ↓
     地主 ←③代金支払い← 借地人 →⑧代金支払い→ 建築会社
       ↑                ↑ ↓
       │   貸宅地       自宅
       │   底地         新築
       └───①売却        ⑥建築
```

になる。個別条件にもよるが、その際、住宅ローンの融資することもできる。金融機関が懇意にしている地元の建築業者も紹介することもできる。すなわち貸宅地整理は地主、借地人、金融機関三者三様にメリットのある案件になる。貸宅地整理の最も代表的な方法、「地主が底地を借地人へ売却する」を筆者は「貸宅地整理法基本4法第1法」と呼んでいるが、これを整理すると図表のようになる。

🦉 100件まとめて貸宅地整理の実例

筆者は以前、ある地域で地元の大地主の相続直前対策として、貸宅地を約100件まとめて整理した経験がある。これほどの数になると、底地売却にしても借地人との個別交渉をいきなりそれぞれと行うことは難しくなる。そこで、地主が底地を売却することになった理由と、その借地人に対して売却する価格の提示を手紙で行った。

その際、事前に地元の金融機関と約100件の借地人について、原則として公道接道2m以上という条件などをクリアしている建築可能地かどうかを洗い出し、住宅ローンの融資ができるかどうかを打ち合わせ、手

81

紙の中に住宅ローンの案内も記載した。借地人の収入等によってはローンが不可である場合ももちろんあるが、いずれにしても「○○銀行○○支店融資担当○○」ということを手紙に記しておく。

これによって返済能力のある借地人はほとんど底地を買い、さらに返済余力がある人は自宅を新築した。当時そのあたり一帯が住宅新築ブームになったほどである。地元では地主にも借地人にも感謝され、金融機関も優良な住宅ローン融資が大量に取れた案件となった。

Coffee Break ＜借地権者に対する融資＞

　不動産の世界では借地権を使いこなすことで究極の収益を生むことがある。例えば郊外の安い土地をただ同然で借り受け、そこに（収益が極めて大きい）収益物件を融資で建てる。収益物件であるから、建物の構造の価値でも土地の立地の価値でもない。ここは収益そのものの評価であり「収益還元評価」を行えば、（地主の同意を得て当該収益物件を転売する場合）転売時にはただ同然の土地にも大きな付加価値が付いた価格形成ができている。つまり借地権付き建物建設資金融資は、一定期間のインカムと転売のキャピタルゲインが狙えることからかなり安全な融資になるという理屈である。上記は極端な例であるかもしれないが、あとは借地権が切られない工作をしておくことである。例えば融資金融機関が地代の前払いを担保するなどの方法が考えられる。この様な工夫によって借地権でも比較的問題なく融資ができるのである。これを「使いこなすが勝ち」と考えるのは乱暴であろうか？

34 貸宅地整理に伴う融資組成—2 （地主の底地買取り）

設例 地主の不良資産の筆頭である貸宅地を整理する方法には数多くあり、その第1の方法は借地人による底地の買取りである（第33項参照）。第2の方法は地主による借地権の買取りとなる。しかし、この方法は地主にとって「なぜ、もともと自分の土地なのにそれを自分が買わなければいけないのか」と不快に思うものである。そこでX信用金庫のY君は地主Aさんに対し、Aさんの子が設立する新会社へまとめて売却して相続対策とする方法を紹介した。

着眼点 子の設立する新会社が底地をまとめて買い取る資金を一括して融資し、それを受け取る地主からは税引後の売却代金をそのまま預け入れてもらうことができる。

貸宅地は不良資産？

地主・家主の三大不良資産「貸宅地・古貸家・古アパート」のうち、「貸宅地」は筆頭不良資産として、生前に相続対策を兼ねて整理することが望まれる。なぜなら、換金性のない底地が更地地価の40%もの高額で評価され、それに相続税が最大50%も課税されてしまうからである。

また、更地地価の40%評価から見れば不当に安い地代であること、更新料・承諾料などの各種一時金をめぐって借地人と人情面でもめることが多いことなどが、貸宅地を「不良資産化」させている。

しかし、①相続税、②地代収入利回り、③更新料・各種承諾料の決め方、④人情トラブルの4点を解決すれば、この貸宅地は実は優良資産に生まれ変わる。

貸宅地の「優良資産化」の方法

相続人がつくる同族会社が、金融機関の借入金で地主個人から貸宅地を全部買い取って保有し、同社で貸宅地の近代経営を行えば、不良資産の筆頭であった貸宅地が一気に優良資産となる。その効果は主なもので次の5つ。

① 相続税率が最大50%適用の場合、相続税が最大7～8割引となる。
② 所得税について、分散効果で節税を図ることができる。
③ 貸宅地を他人へ売却せずに安定優良資産として継続保有できる。
④ 法人所有となるので、次世代への相続が税負担も軽くすむ。株式の相続なので誰へ相続させるかも容易に決められる。
⑤ 貸宅地経営における地代・各種一時金算出基準を明文化するなど近代経営を行うことによって人情トラブルを避けられる。

高すぎる底地の評価額

貸宅地が不良資産である最大の理由は底地の評価額にある。なかなか他人に売却換金できない底地の評価額を更地の40%としてきたことが問題であり、これが底地を物納するという流れをつくってしまった。地主にしてみれば売れば更地の10～20%程度の価値しかないものが、物納するとその2～4倍で税務署が受け取ってくれるのだから、当然物納したくなる。

底地の相続評価額は変わらないものの、相続発生以前に他人へ売却してしまえば相続税はその売却手取金にしかかからない。しかし、本当の他人へ売ってしまったら寂しいので、相続人が同族会社をつくり、そこへ「適正価格」で売却する方法をとるのである。

この適正価格が難しいのであるが、最近は政府所有の底地の公売などで数多くの事例が出ているので、これを参考にすると収益還元法でおおむね表面利回り年6%ぐらいになる価格となる。この価格だと底地価格

は相続税評価額の約 4 分の 1 程度となる。

　身内同士の不動産売買は税務上否認されかねないが、この程度なら十分問題ないと思われる。

🖐 モデルケース

　貸宅地 1,000 坪、更地評価額 100 万円／坪をモデルケースとして説明していきたい（図表参照）。

(1) 会社設立・出資

　相続人が同族会社を設立・出資する。複数の相続人（兄弟）が共同出資して設立してもよいし、相続対策 3 本柱の 1 つである遺産分割計画に道筋をつけるために特定の相続人、例えば後継者となる子 1 人が出資設立するのでもよい。

　新しく設立した会社が被相続人（父親）の持っている貸宅地を全部買い取る。出資する人間が相続人ではなく、地主本人から見て孫にあたる者でもかまわない。この方法は贈与等に関係しないので、すでに孫が成人しているのなら、相続の一世代飛ばしの効果も併用できる。

(2) 金融機関からの融資 1 億円

　新会社が被相続人の地主から底地すべてを買い取るための資金 1 億円を金融機関から融資してもらう。地域金融機関にとっては底地買取資金 1 億円の新規融資案件の創出となる。

　なお、地主本人とその関係者の同族会社間との取引なので、融資した資金は外へ流出しない。後述するが、一部税金としての流出はあるものの、大部分は売主の地主から「預金」として還流するか、アパート建設として活用させることができる。

(3) 底地の価格設定

　この場合で重要なのは、底地の価格設定である。身内間取引なので税務上廉価売買とみなされないように、十分裏付けを取るなど準備することが重要である。国有財産の底地公売のデータや近隣の実際の底地売買

貸宅地整理「決定版」スキーム図

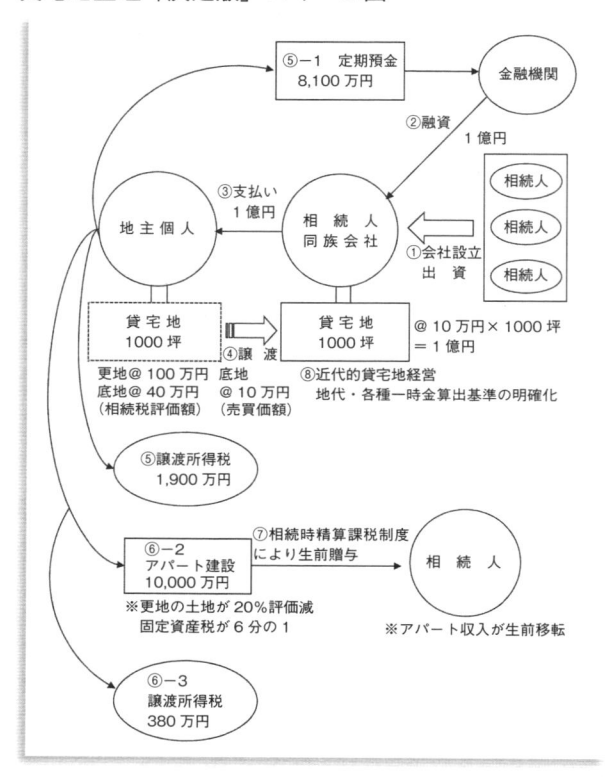

```
⑤-1 定期預金          金融機関
    8,100万円
                    ②融資
                    1億円
         ③支払い    相 続 人      相続人
地主個人 ←1億円── 同族会社 ←── 相続人
                    ①会社設立    相続人
                      出　資
貸宅地     ④譲渡   貸宅地     @10万円×1000坪
1000坪   ══⇒    1000坪      ＝1億円
更地@100万円  底地          ⑧近代的貸宅地経営
底地@40万円  @10万円        地代・各種一時金算出基準の明確化
(相続税評価額)(売買価額)

⑤譲渡所得税
  1,900万円

⑥-2            ⑦相続時精算課税制度
アパート建設    により生前贈与     相 続 人
10,000万円
※更地の土地が20％評価減
　固定資産税が6分の1           ※アパート収入が生前移転

⑥-3
譲渡所得税
  380万円
```

の事例、不動産鑑定士による不動産鑑定書作成などしっかりとしたデータに基づいた売買価格であることが必要で、おおむねの価格は更地評価額（≒路線価）の10％ぐらいであろう。

(4) 底地譲渡

　税務上の不動産所有権の移転とは、売買代金全額の支払、登記名義の移転、物件の引き渡しの3点である。身内間取引では売買自体の真正性が問われるので、この点は明確にしておく必要がある。

　代金支払と名義移転はわかりやすいが、物件の引渡しについては底地

売買の場合、地代の収受がその証明となる。地代は年1回払などもあるので、その年の何月分から買主が収受したということを明確にしておくようにする。買主は法人なので法人の帳簿に売上として計上して決算申告すればよい。

(5)—1　譲渡所得税

　売主の被相続人（予定者）である地主は、翌年の確定申告の際、不動産譲渡所得税を支払う。この場合、原価はみなし原価として売値の5%、また税率は長期保有の20%となるので（100 − 5）× 20% = 19%の税率となり、納税額は1,900万円となる。

(6)—1　定期預金

　税引後の残った8,100万円は、相続が近ければ納税資金として地主個人の名義でそのまま銀行に定期預金としておく方法もある。金融機関としては、1億円の新規融資の一方で8,100万円の新規定期預金獲得となる。

(6)—2　アパート建設

　1億円を使って地主が他に所有している更地にアパートを建てると、その1億円は相続税評価額で約5,000万円とみなされる（建築費1億円×固定資産税評価額約70%×貸家評価70%≒5,000万円）。また、アパートを建てた土地の評価も貸家建付地評価減（20%減）で約80%評価になる。

(6)—3　譲渡所得税

　この場合、事業用資産の買替え特例の適用を受けると譲渡所得税は1,900万円×20% = 380万円となる。

(7) 相続時精算課税制度により生前贈与

　1億円で建てたアパートは当然家賃収入を生じる。これがまた地主の所得を増やしその蓄積が相続税を増やしてしまう。そこで、相続時精算課税制度を使って特定の相続人へ生前贈与する。これによって親子の所得の分散が可能になる。

　この場合アパートが建っている土地まで生前贈与しなくてもよい。建

物だけを贈与して土地は親子間で定期借地契約をしておく。親子間なので単に無償使用貸借でもよいが、これを定期借地契約として、権利金や保証金はなくてもその地代を固定資産税の3倍程度支払っておくことにより、法律的にも定期借地契約がしっかり成立するので、土地の相続税評価額は80％となる。また、相続対策3本柱の1つである遺産分割計画の道筋を確実につけることができる。

(8) **近代的貸宅地経営**

最後に同族会社に移転された貸宅地について、その会社経営者である次世代相続人によって将来トラブルを起こさないような近代的貸宅地経営を行っていく。名義が移転したことを機会に、契約を書き換え、地代の決定法、各種承諾料等一時金の決め方、更新料の扱いなど従来とかく人情的にもめやすいところをお互いビジネスライクに取り決め直す。

Coffee Break ＜地域金融機関こそ不動産コンサルティングを＞

難物不動産を甦らせ、収益化させることを「不動産コンサルティング手法」の究極の目標とするならば、実は当該手法を駆使すれば、貸出案件の「打出の小槌」となるのである。しかし保守主義に固まった金融機関は、担保価額で大幅な制御をかけてくるので、融資審査はまず通らない。これらを拾うのは、地域金融機関なのであろう。ならば、こうした金融ができるプロフェッショナル機関の出現に期待したい。

まずは、不動産の目利きにならなければ、案件の妥当性は見極められない。例えば借地権の価値を正しく語れないようでは、不動産を背景とする金融などできるはずがない。不動産の活用形態のバリエーションも知っておくべきだろう。

35 古アパート整理融資
（リフォーム・耐震補強・立退費用・改築）

設例 入居率も悪く、修理修繕の費用もかさむ古アパートを持ち、悩んでいる大家さんに対し、融資提案は十分可能である。Ｘ信用金庫のＹ君はこうした古アパートを保有している大家Ａさんにリフォームローンの提案を行ったところ、前向きな検討をしてもらっている。

着眼点 入居者をすべて立退かせて新築に建て替えることができればベストだが、そうでなくてもリフォーム、耐震補強工事などは十分効果があるため、融資提案の着眼点になる。

古アパート整理の提案と新規融資案件

「○○荘」という古アパートに対して、地域金融機関としては、どういうお手伝いができるのか。すなわちどういう新規融資案件が創出できるのかを考えてみたい。

古アパートの大家さんに対しては、リフォーム・耐震補強工事、建替工事、売却という３つの提案ができる。各々の提案から図表のような新規融資案件の創出が生じる。

融資をきっかけとする取引拡大

そして、アパート関係の資金融資によって、その後のアパート経営に関連する金融取引が得られる可能性が高まる。アパート家主の賃料入金口座は当然だが、アパート入居者にも口座開設をしてもらい家賃の入金口座とする。

古アパート整理提案の１つとして売却という方法もある。この場合は

古アパート整理による新規融資案件創出スキーム

```
                        古アパート整理
          ┌──────────────┼──────────────┐
    リフォーム・        建て替え           売　却
    耐震補強工事    ┌─────┴─────┐    ┌─────┴─────┐
                  アパート   多目的建物  更地売却   そのまま
                   再築       再築                  売却
    ┌─────────┐  ┌─────────┐          ┌─────────┐
    │リフォーム費用│貸出│立退料・取壊費用│貸出    │立退料・ │貸出
    │耐震補強工事費用│  │再築費用    │          │取壊費用 │
    └────┬────┘  └────┬────┘          └────┬────┘
         │            │                      │
         ▼            ▼                      ▼
    アパート等新規事業経営の収支口座      売却金の預金獲得

                                         買主・買取り資金貸出

    ┌─────────┐
    │新規融資案件の創出│
    └─────────┘
```

新規融資案件の創出はないが、売却金を預金として獲得できるというメリットはある。また場合によっては買主の側への融資の可能性もありえよう。

さらには、家主サイドの他の更地に対して、この売却代金を頭金にして新規事業のアパート・賃貸マンション新築資金の融資なども考えられる。

〈古アパート整理関連の新規融資のポイント〉

① 古アパートリフォーム資金
② 古アパート耐震補強工事資金
③ 既存入居者立退き料
④ 古アパート取壊し費用
⑤ 新規アパート新築資金

36 高収益物件新規取得による本業赤字会社の債権正常化

設例 地元地域の老舗であり廃転業の検討にまでは至っていないが、慢性的な本業赤字会社 A がある。ここに対し、X 銀行の担当者 Y は、新規融資により高収益不動産物件を持たせる提案を行った。目的は、債権正常化である。

着眼点 老舗が持つ昔からの蓄積された遊休不動産に着目し、その有効活用により本業以外の収益を確保する方法、状況次第では新規融資により高収益不動産物件を購入取得し、その高い収益力で新規融資分以外の本業赤字を支えるというプランは、要注意先等からのランクアップ戦略の 1 つと捉えてよい。

赤字を補完するための不動産投資提案

　すべての移り変わりが早い今の社会では 10 年 20 年前に大変利益の出た商売でも、今ではその本業は赤字経営となってしまっている例はいくらでもある。まして 30 〜 40 年、その道一筋でやってきた企業や商売は健全な経営体質であることが珍しいくらいだ。しかし、30 〜 40 年地域社会の中で商売を続けてきたということは、その地域社会にとって昔ほどではないにしろ必要性、重要性があるともいえる。

　したがって、今赤字になったからといってすぐ廃業すべき、といったものでもないのである。

　こうした老舗では、かつて商売が繁盛した時代に相当な蓄えを残しており、それが不動産という形になっている例が多いものである。

　本業が赤字に転換して、その回復の兆しがなくても地域社会がそれを

高収益物件新規取得による本業赤字会社の債権正常化モデル

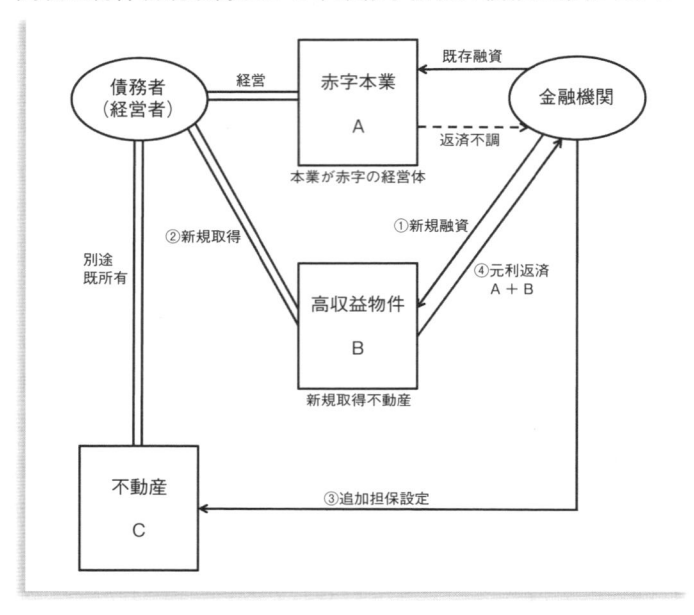

[図：債務者（経営者）が赤字本業Aを経営し、金融機関から既存融資を受けているが返済不調。①金融機関から高収益物件Bへ新規融資、②債務者が物件Bを新規取得、③不動産Cに追加担保設定、④金融機関へ元利返済A＋B。別途既所有の不動産C。]

必要とし、またそこに従事する社員がいる場合、過去の蓄えである不動産を有効活用して現在の本業赤字を補完することは、地域中小企業の経営戦略としてありえよう。地域金融機関としても無視できないのである。

🕊 高収益物件により本業の赤字をカバー

　図表中のBの高収益物件は、その会社が既に保有する遊休、低未利用地、低稼働工場敷地を高収益力のある不動産に仕立て直して再活用を行うというもので、これ以外でもまったく新規に高収益不動産を取得するという方法もある。

　いずれの方法にしても物件建築資金あるいは物件取得資金を融資することによって高い収益力を付けさせ、新規融資の元利金返済を上回る余剰収益で本業の赤字を補完するというものだ。

ただ、融資するにしても顧客の評価によって可否が問われる。顧客に対する債権の分類・評価の維持・ランク上げには以下の4つがある。
① 本業業績の向上・立て直し
② 本業赤字を補完する新規事業の立ち上げ
③ 自己資本の補充
④ 追加担保の設定

金融機関側はこの②の方法によって顧客の債権分類が正常債権を維持する、もしくはランクアップにつながるという効果が得られる。本業赤字会社への高収益優良物件取得のための新規融資では、新規融資の獲得、返済負担力の増強、担保力増大という「一石三鳥」の効果が得られるのである。

Coffee Break ＜地域活性化融資＞

　金融業界は地域に根ざしているとはいえ、地域内でスクラムを組んで、地域の為に仕事をしているかというと、残念ながらさほど美しい仕事振りとは言えないのが実際だ。地域の課題に触れる希少の機会である商店街振興組合や地元商工会、その他地域の会合にあまり盛んに参加していないのも、恐らくは独占禁止法の談合（カルテル）等の禁止規定が頭に浮かび、近時コンプライアンスが重視されるようになった時分から、地域の命題にはあまり関わらないほうが無難との考えが出てきてしまっている面がある。
　コンプライアンスを過剰に意識していては何も始まらない。理想的には我々金融機関が地域の課題を把握して、それらを金融によって解決できることはないのかを、能動的に企画していかなければならないのだ。

37 廃業提案による不動産運用のリストラ提案

設例 商店街がシャッター街となってしまうと、街からは活気が失われ、ひいては地域経済の衰退にもつながる。そうなる前に、地元金融機関は積極的な取組みを行っていくべきである。X信用金庫のY君は、その役割を終えた商店を転用、転換させる方策などについてそうした商店主に働きかけを行うことで、融資案件を徐々に獲得している。

着眼点 貸ビル化したり、店舗アパート併用型で古い店舗の建て直しを検討してもらうなど、未だその商店街がシャッター街として死んでしまう前に考え提案して行動を起こしてもらうことが大切である。

役割を終えた商店の存在が地域社会に悪影響を及ぼす

本業が赤字の老舗でも、少なくともその役割を地域社会が必要としている間は、勝手に簡単に廃業するのはいかがなものであろうか。今までお世話になって大いに儲けさせてもらった「恩返し」のつもりで、その役割を終えるまでは、過去の蓄えを活かして本業を続けていくべきだろう。

逆に言えば、その役割を終えた後は、本人の都合で転業や廃業をいつでも行ってよいともいえる。ただし、これまで商売一筋でやってきた商店主（たいていはお年寄り）のなかには、その商売を止めてしまうとほかにやることがなくなってしまうため、社会的役割を終えても本人は続けるというケースがあり、こうした例は、本人の自由とはいえその地域社会に悪影響を与えかねない。

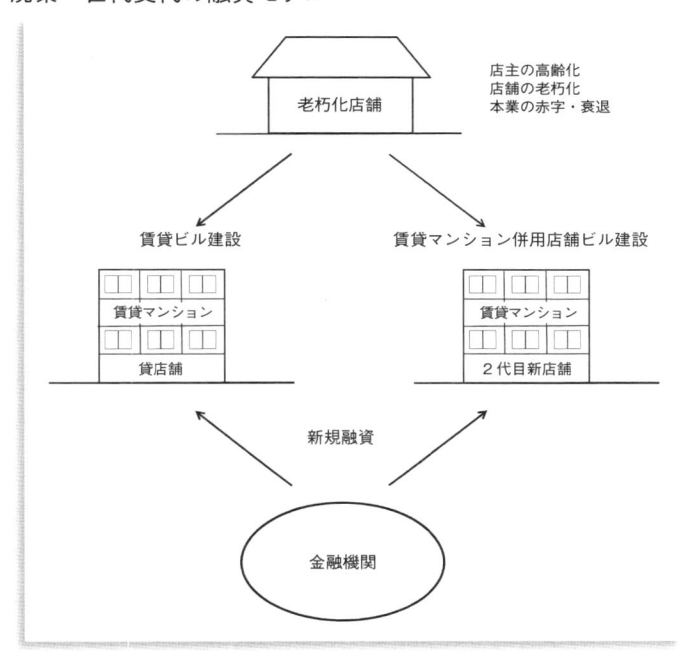

廃業・世代交代の融資モデル

```
                         老朽化店舗        店主の高齢化
                                          店舗の老朽化
                                          本業の赤字・衰退

         賃貸ビル建設              賃貸マンション併用店舗ビル建設

          賃貸マンション                賃貸マンション
          貸店舗                      ２代目新店舗

                         新規融資

                         金融機関
```

　確かにその不動産が自分のものであればそこで何をしていてもよいと言いたいところだが、不動産というのは地域社会との関わりの中でも存在している。

　社会的に役割を終えた商店がそこにあるということ自体、その商店街にとっては「迷惑」となる可能性もある。その存在が商店街を暗くし、魅力のないものとするだけでなく、若い意欲のある者の新しい活力を生かす場所を塞ぐことにもなる。

🕊 地域活性化のための融資

　仮に、そうした商店に廃業してもらえるのであれば、その場所に新しいテナントビルなどの建設提案を行う。こうした提案は地域社会・地元

商店街にとっても、また新規に新しい商売を始めようとしている若者にとってもありがたいことといえる。その場合、旧店主には、テナントビルのオーナーになってもらい、生活は家賃収入などで賄うことになる。

　役割を終えた商店の廃業〜貸ビル業への転業のための建物建築資金の融資は、単に収支のバランスが取れるというビジネスライクな土地有効活用型の新規融資というだけでなく、地元地域社会の抱える構造的な歪みの手直しと地域活性化にも役立つ融資となるのである。

世代交代を促進させる提案

　貸ビル業へ転換するという話は、商店主の世代交代を促進させるための店舗大改装資金、二代目のための転業資金などにも結びつくもので、地域社会活性化のための融資ということになる。

　この転廃業によるビル建築案件は、多くの場合その店舗所在が駅のそばであるなど立地条件がよいことが少なくない。担保力も十分にある場合が多く、企画次第でビルを建設しても十分収支が合う計画を立てられる。逆に言えば、そうした立地条件の場所から積極的に大改装、大改修、あるいはビル化していくことによって、シャッター商店街になることを止め、再び街を活性化させていく可能性もある。

　こうした施策を順次実施していけば、駅から少し遠い立地でも活性化のチャンスはあろう。街は自然の成り行きに任せておくものではなく、自らが創りかつそれを維持していくものではなかろうか。

　そして、こうした街の活性化に対する支援・貢献は、地元密着型地域金融機関の重要な役割の1つであろう。

38 地方郊外の広大地を売却して都心の収益物件を取得するメリット

設例 地方郊外の広い土地を持つ地主を「広地主」、都心の坪単価の高い土地を持つ地主を「高地主」と業界では呼称している。そして、相続税評価額が同じだったとしても、相続後、「広地主」の資産は2分の1となるが、「高地主」の資産はうまくプラニングすれば減少を抑えられる。そこでX信用金庫のY君は、「広地主」に対して保有土地を担保にした融資金により都心の収益物件を購入、「高地主」となる検討をしてもらっている。

着眼点 小規模宅地の評価減という相続税上独特な仕組みがあり、200～400m^{2}までの面積の土地についてその用途別に50～80％割引がなされる。この特例を活かせば、坪単価の安い土地で広い土地を持つより、坪単価の高い土地で狭い土地を持つほうが、相続税上有利になる。

「広地主」の相続税

「広地主」が地方郊外に1,000坪の土地（評価額2億円）を持ち、その一部に自宅を持っているとする。この場合、自宅の土地に対する小規模宅地の評価減の適用を受けると自宅土地72坪（240m^2）が80％減となり、その他は評価額どおりとなる。その結果、図表のとおり相続税率50％とすると9,424万円となる。

「高地主」の相続税

一方、高地主の場合、都心の坪単価の高い土地に収益建物を持ち、それが各々1億円の評価。土地の面積は小規模宅地の評価減のきく400m^2

「広地主」の例

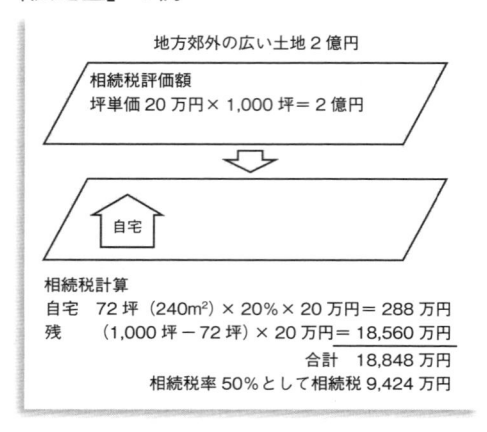

地方郊外の広い土地 2 億円

相続税評価額
坪単価 20 万円× 1,000 坪＝ 2 億円

自宅

相続税計算
自宅　72 坪（240m²）× 20％× 20 万円＝ 288 万円
残　　（1,000 坪－ 72 坪）× 20 万円＝ 18,560 万円
　　　　　　　　　　　　合計　18,848 万円
　　　　　相続税率 50％として相続税 9,424 万円

「高地主」の例

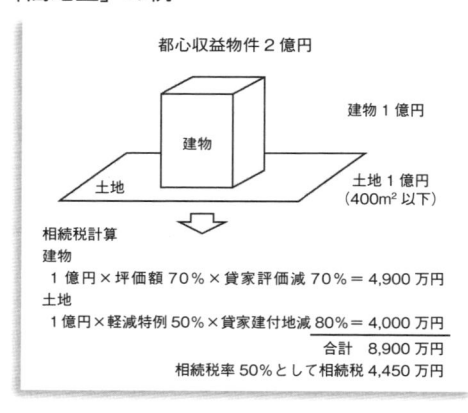

都心収益物件 2 億円

建物

建物 1 億円

土地

土地 1 億円
（400m² 以下）

相続税計算
建物
　1 億円×坪価額 70％×貸家評価減 70％＝ 4,900 万円
土地
　1 億円×軽減特例 50％×貸家建付地減 80％＝ 4,000 万円
　　　　　　　　　　　　合計　8,900 万円
　　　　　相続税率 50％として相続税 4,450 万円

以下とする。この例で相続税を計算すると、4,450 万円となり、広地主の例に比べて半分以下となるのである。

🔔 土地を担保に「高地主」となってもらうような融資提案を

　この相続税法における小規模宅地の評価減特例は土地の価値ではなく、その面積に着目した法令であることがこの大きな違いを生じさせる

地方広大地売却（担保）都心高額収益物件取得による相続税節税対策

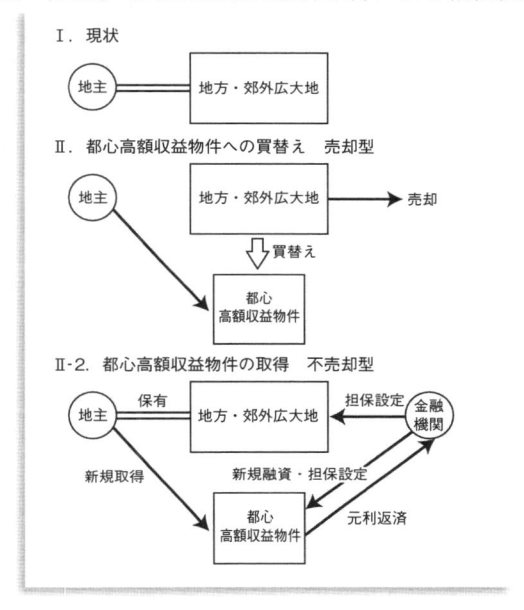

Ⅰ．現状

地主 ── 地方・郊外広大地

Ⅱ．都心高額収益物件への買替え　売却型

地主 ── 地方・郊外広大地 → 売却
　　　　　　↓買替え
　　　　　都心高額収益物件

Ⅱ-2．都心高額収益物件の取得　不売却型

地主 ─保有─ 地方・郊外広大地 ─担保設定─ 金融機関
　│新規取得　　新規融資・担保設定　　　　　│
　└─────── 都心高額収益物件 ──元利返済──┘

のである。土地持ち資産家で地方郊外の地主はこの違いに注目して、地方郊外の広い土地を売却して、都心の狭い土地でも同じ「価値」のものに買い替えるとこうした相続税節税効果が得られる。

　しかし、地方・郊外の「広地主」は、実はこの広い土地を売りたがらない。その理由は地元の人たちに「不動産を売る→落ちぶれた」と思われたくないからである。もちろん、親代々の土地を自分の世代で手放すのは忍びないという気持ちもある。ただし、相続税を払うためであれば、広い土地を売っても、地元に対して面目が立つのである。

　こうした背景で、地元金融機関は、広い土地を売らせるのではなく、それを担保に融資し、その資金で都心の高い土地の収益物件を買ってもらうような方向に導く。その相続税節税効果は売却買替えとほぼ同じである。売却に伴う不動産譲渡所得税まで計算すると、たとえ借入金の金利を支払っても借入購入のほうがコスト効率がよいかもしれない。

39 地主も住み替え可能なアパート併用住宅ローン提案

設例 持家の自宅は既に古くなり、また年を取って家の段差が気になってきたAさん。融資金によりリフォームをしたいが、定年退職後は年齢制限によって一般の住宅ローンは利用できないという不満を抱いていた。そこでX信用金庫のY君は、アパート併用住宅の建築を提案した。返済財源をアパート収入に求め、併用する自宅はバリアフリーに建て替えるという一石二鳥の作戦である。

着眼点 こうしたリタイア高齢者は、もうすでに自分は年齢制限によって住宅ローンは使えないので、家を建て替えるなど無理であると諦めている場合が多い。アパート併用住宅なら建替えが可能であるという提案は、そうした高齢者にとって大変ありがたいものとなろう。

賃料を返済原資とすることで融資可能

一般的に地主が遊休地にアパートなどを建てて活用しようとする場合、その目標収益率は建物の投資金額に対して総収入で年10％である（業界ではこれを表面利回りあるいはグロス利回りといい、アパート経営の経費を除いた純賃料収入ベースでの利回りをネット利回りなどという）。

アパートとして好立地であれば、表面利回りで年12〜13％程度はある。ネット利回りでも年8〜10％（表面利回りの7〜8割）ほどで運用できる。こうした環境であれば土地活用の一方法として自宅とアパートを一体にするアパート併用住宅を建て、建築資金はアパートローンで融資する提案が考えられる。

すなわちアパート3〜4世帯以上にプラス自宅を併設すると、アパー

第3章　不動産を切り口にした融資の着眼点

アパート併用住宅モデル

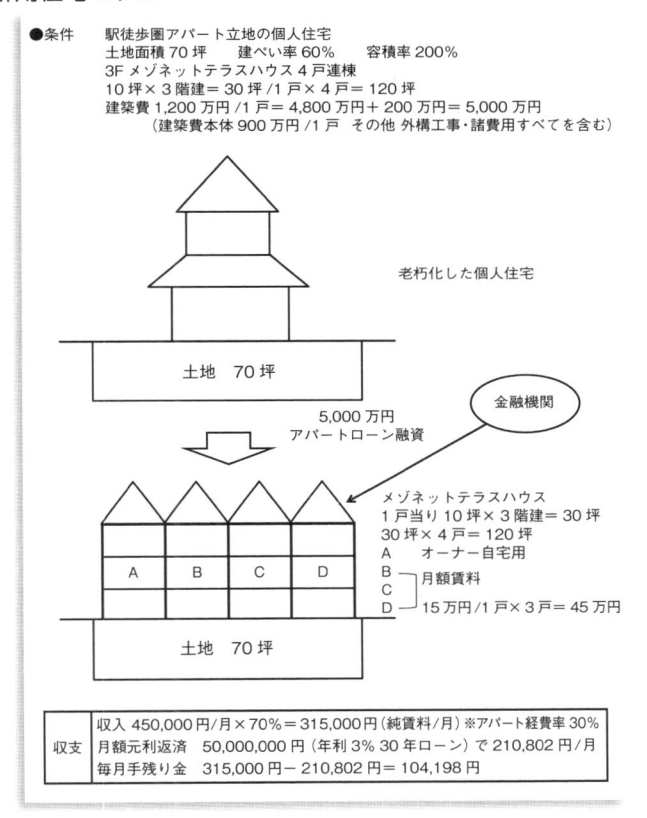

●条件　駅徒歩圏アパート立地の個人住宅
　　　　土地面積70坪　　建ぺい率60％　　容積率200％
　　　　3F メゾネットテラスハウス 4戸連棟
　　　　10坪×3階建＝30坪/1戸×4戸＝120坪
　　　　建築費1,200万円/1戸＝4,800万円＋200万円＝5,000万円
　　　　　（建築費本体900万円/1戸　その他 外構工事・諸費用すべてを含む）

老朽化した個人住宅

土地　70坪

5,000万円
アパートローン融資　　　　　金融機関

メゾネットテラスハウス
1戸当り10坪×3階建＝30坪
30坪×4戸＝120坪
A　オーナー自宅用
B
C　月額賃料
D　15万円/1戸×3戸＝45万円

土地　70坪

収支	収入 450,000円/月×70％＝315,000円（純賃料/月）※アパート経費率30％
	月額元利返済　50,000,000円（年利3％ 30年ローン）で210,802円/月
	毎月手残り金　315,000円－210,802円＝104,198円

トの家賃収入で自宅分の建築資金返済分までカバーできる場合がある。
　個人向け住宅ローンでは、勤め先からの給料などの返済財源がなければ融資できないが、アパート併用住宅の場合、自宅の返済分も、アパート収入からアパート部分の返済後の手取金をもって充当できることになる。
　個人住宅ローンを受ける人が年齢制限を超えた高齢者の場合やすでに会社をリタイアしてしまっている人などでも、アパート向けの好立地の土地を自宅だけで使っている場合、その自宅の建替えの際にアパート併

101

用住宅を奨めてみるのも1つのアイデアなのである。

🔍 対象先を発見する着眼点

　地域金融機関ならばその地元でのアパートの好立地地域はわかるはずである。その地域内に最低50～60坪以上の土地で相当程度老朽化した個人住宅があれば、そのお宅がこの案件の「見込み客」となりうる。

　経済的に余裕のある人であれば、すでに個人住宅として建て替えている場合もあるが、まだ建替え前で古いままになっている人は、現在の収入が少なく、また高齢化しているため住宅ローンが使えない状態であることが推測される（庭木の手入れが悪い、あるいはカーポートが使われていないなどがこうした方を発見するポイント）。

　こうした場合には、このアパート併用住宅を建てることによって個人住宅も建替えができ、立地条件次第ではアパート収入で経費と元利返済のすべてを賄ってもなお余剰金が出て、生活費にも充当できよう。地元密着型地域金融機関ならではの営業力をもって、こうした方々へアプローチをすることができるのではないだろうか。

40 収益物件融資を活用した事業承継の円滑化

設例 プラスチック射出成形業Ａ社のＢ社長は、事業承継を長男Ｃにしたいが、まだＣが高校生で若く、事業を任せられるまでを番頭Ｄにつないでもらいたいとの考えを持っている。しかし、心配の種は、Ｄと会社経営を交替した後、果たしてＣに将来会社を確実に引き継いでもらえるか、ということのようである。このことを聞いたＸ銀行の担当Ｙ君は、Ａ社に収益物件を取得してもらい、Ｃが事業を継ぐ際、Ｄに収益物件事業を譲渡するというスキームとともに、収益物件取得資金の融資提案をしている。

着眼点 子への事業承継のための「つなぎ経営者」を番頭などに任せる場合、その番頭の引退後の立場や経済問題をオーナーは考えるものである。それを踏まえた提案は効果的なものになる。

「つなぎ経営者」に譲渡する事業を用意しておく

　会社の事業承継を自分の子へと考えるのはたいていの親の願いである。しかし、自分の年齢や体力の衰えからくる経営交替のタイミングと、子の適性年齢や能力が必ずしも一致するとは限らない。後継者と目する子が遅くに生まれた場合などは、そのタイミングが10年以上ずれることもあろう。その間を、例えば今の専務（従前の番頭）や自分の弟でつなぐことが必要となる。

　しかし、世間ではこれが元で「お家騒動」がよく起きてしまう。中小企業は、会社の株式さえ持っていれば会社を自由に完全にコントロールできるというものではない。会社は生き物であり、お得意先もいれば、

経営交替つなぎ経営者対策融資—1

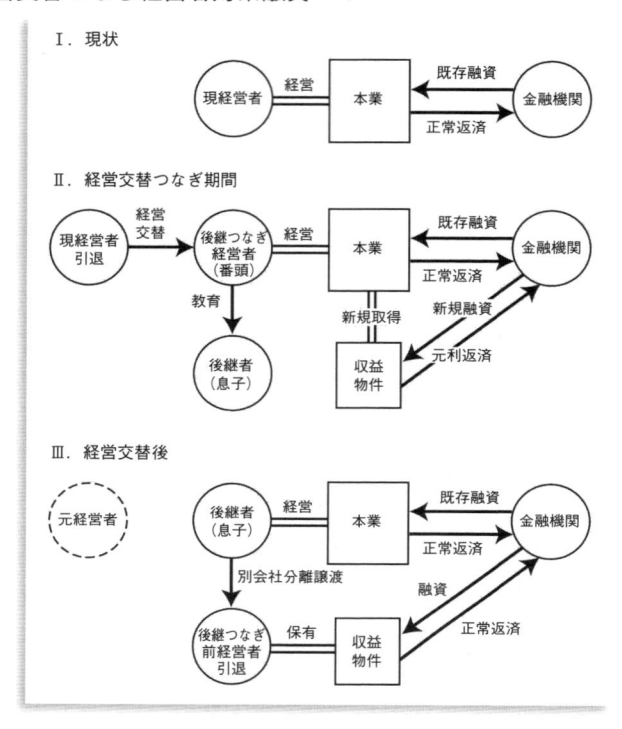

I. 現状

現経営者 —経営— 本業 ←既存融資— 金融機関
本業 —正常返済→ 金融機関

II. 経営交替つなぎ期間

現経営者引退 —経営交替→ 後継つなぎ経営者（番頭） —経営— 本業 ←既存融資— 金融機関
本業 —正常返済→ 金融機関
後継つなぎ経営者（番頭） —教育→ 後継者（息子）
本業 —新規取得— 収益物件
収益物件 ←新規融資— 金融機関
収益物件 —元利返済→ 金融機関

III. 経営交替後

元経営者
後継者（息子） —経営— 本業 ←既存融資— 金融機関
本業 —正常返済→ 金融機関
後継者（息子） —別会社分離譲渡→ 後継つなぎ前経営者引退
後継つなぎ前経営者引退 —保有— 収益物件
収益物件 ←融資— 金融機関
収益物件 —正常返済→ 金融機関

　従業員もいる。それらの人の心をつかんだ「実質経営者」が、その会社の 100％ 株主オーナーに勝る場合もあるのである。
　「つなぎ経営者」がこうした「実質経営者」とならないようにするためには、この者との信頼関係も重要だが、その「つなぎ経営者」の立場や資産について考慮することが重要となろう。
　そこで、会社の本業が十分黒字のうちに、利回りのよい収益物件を融資を受けて取得しておき、「つなぎ経営者」には、将来子への経営移譲が完了して自身が引退する時には、その収益不動産を「退職金」がわりに譲り渡し、それによって資産形成と引退後の生活資金に充当してもらい、老後の生活の心配を払拭してもらう、というプランが考えられる。

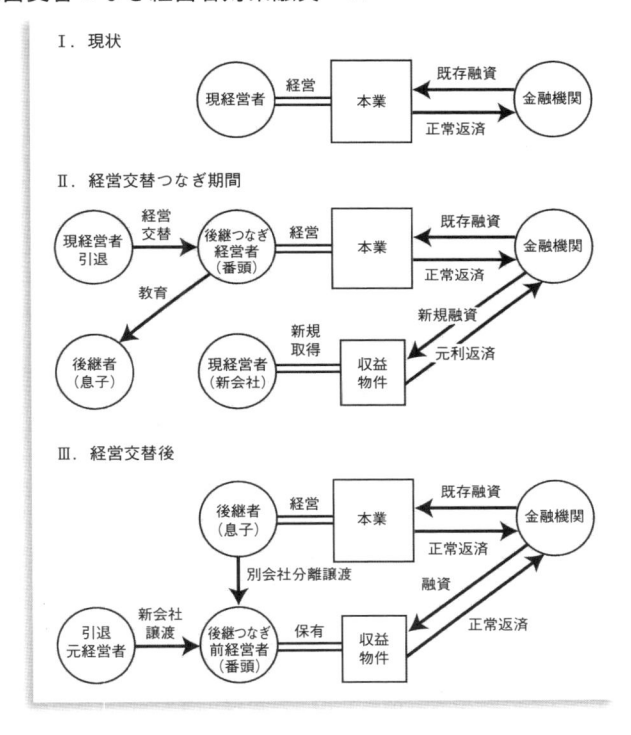

経営交替つなぎ経営者対策融資—2

I. 現状

II. 経営交替つなぎ期間

III. 経営交替後

　方法としては本業の会社自身がまず収益不動産を取得しておいて、つなぎ経営者の引退時にそれを退職金として現物払いする。もう1つは、はじめから収益不動産を本業会社の100%子会社に取得させ、「つなぎ経営者」の引退時にその子会社の株式を退職金として譲渡するという2つがある。

41 事業承継と遺産分割対策融資

> **設例** フィルム製造業Ａ社の社長Ｂ氏には、事業承継させたい長男Ｃと、その姉と妹の３人の子がいる。社長の財産はすべてその会社の出資株式である。相続が発生した場合、Ｃへ株式のすべてを譲るとその姉や妹からクレームがついて「争族」となってしまうかもしれないと社長は悩んでいる。
>
> Ｘ信用金庫のＹ君はその悩み解消の対策として、収益不動産を融資で取得する提案をした。

着眼点 相続対策は節税ばかりではなく、むしろ遺産分割対策のほうが難しく、嫁にいった娘のことも十分に配慮しておいてあげないと、いざという時に「争族」が起きてしまうということを社長に十分理解してもらうことが重要になる。

株式以外の相続財産を用意しておく

オーナー企業の場合、その社長は全資産を会社につぎ込んでいて、会社の株式以外のその他の個人資産を何も持っていない場合が多い。そして株式は相続でも容易に分割できるが、兄弟にバラバラに遺産分割されてしまった会社株式は、その会社の経営に重大な支障をきたすおそれがある。

以下は、オーナー社長が90％の株式を持ちワンマン経営をしていた例である。株式の10％は長年のパートナーの外部人間の専務が持っていた。そして、突然社長が死亡し、相続が発生、相続人は複数でご多分に漏れず遺産分割争いとなった。この場合、争い中の株式は名義人が特

事業承継・遺産分割対策融資

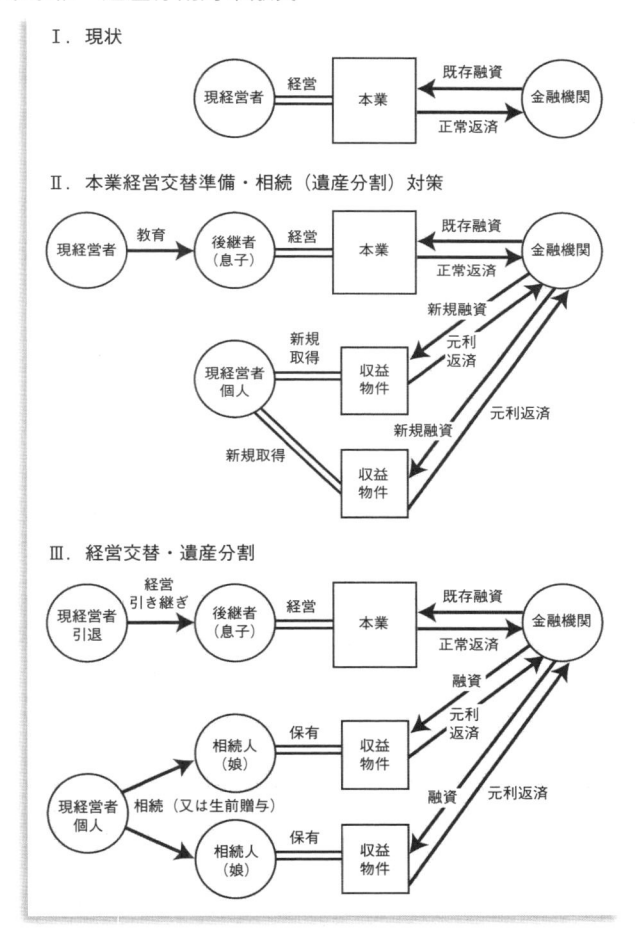

Ⅰ．現状

Ⅱ．本業経営交替準備・相続（遺産分割）対策

Ⅲ．経営交替・遺産分割

定できないから、株主総会における議決権を行使できない。結果としてわずか10%保有の外部人間の専務が株主総会でのすべての権限を持ってしまうという事態が生じたのである。

　これを避けるためには、まず遺産分割争い、いわゆる「争族」を起こさない対策・準備をしておくことが重要となる。

107

遺産分割のために収益不動産を準備

本例の場合は、現社長の時代に後継者の姉や妹への遺産分割の配慮として、収益不動産を融資で取得しておき、これを相続時に娘たちへ譲ることを生前から言い残しておく（必要であれば遺言しておく）。もちろん、娘たちにも生前から言い残しておくことが大切である。娘たちも生前からこれで納得していれば、後継者が会社の株式を問題なく100％相続できる。

遺産分割でもめないための収益不動産への融資によって、B社長も安心することとなろう。

Coffee Break ＜真のリレーションシップ＞

中小企業のキャッシュフローと資産（負債）ストックを正しく評価できているだろうか？　特に、現在の金融機関の担当者は不動産知識の「常識」に追い付けないでいることが多く、いきおい保守的にならざるを得ない。この結果、中小企業は事業の多角化一つにしても、軽率に出ていけない面がある。

これに加えて、借入者のヒストリーや人格等を見抜くことが大事なのであろう。まさに地域金融機関のリレーションシップバンキングの実践であるが、これも残念なから今日、信用金庫等の一部でないと、その実践が行われていないと感じる。ここでの問題は、相続対策や不動産の有効活用など事業とは直接関係ない代表者個人の融資の申し出に対応できない（していない）ことなのだと考える。中小企業経営者の事業資金以外の借入ニーズに対応できないようでは、リレーションシップは構築できていないと認識すべきではないか。

「経営者との懇話をする機会を多く持ってほしい」これが融資を受けている企業経営者の本音ではないか？　金融機関職員というサラリーマンでは、真の企業経営は解らない。お互いの本質を知る機会があまりにも少ないこと、この状況をまず変えるべきではないか。

42 寺社の持つ貸宅地を活用した融資企画提案

設例 伝統仏教の寺院や神社はその周辺に多くの貸宅地を持ちながら、あまり上手に資産活用ができていないケースが多い。こうした寺社にその資産活用の具体的企画を融資提案と同時に持ち込むことを、X銀行のY支店長は検討している。

着眼点 表通りに山門や門柱だけあり、その周辺は商店街や住宅地となって、お寺の本堂はしばらく歩いたその奥にひっそり建っているような、一見小さなお寺こそ、実はその周辺の土地は寺院地でありそのほとんどが貸宅地であることは多い。提案材料は豊富と捉えるべきである。

寺院の経営をめぐる現状

(1) 貸地の保有と経営悪化

宗教法人、特に伝統仏教の寺院は貸地を豊富に所有している。かつての武士社会だった頃、お寺は豪族や貴族に寄進された寺領をたくさん持っていた。現代に入って経営が困窮するとともに、寺院経営者は本業以外にも現金収入を得るために、境内地を貸地として貸すようになった。したがって、現在でも寺院周辺にはたくさんの貸地があり、多くの借地人が利用している。

現在、寺院経営はその本業の将来性に陰りが生じてきた。少子高齢化が進み、将来的な檀家の減少が見込まれるほか、宗教離れにより葬式など限られた機会にしか寺院が利用されなくなってきているからである。

寺院経営者は新檀家の獲得および既存檀家の確保を目的とした新しい方策の構築に迫られているといってよい。

(2) 宗教法人法改正

寺院経営者については、従来は各種優遇制度により特に詳細な経営報告をする必要はなかったが、近年の寺院経営の多様化、広域化等により、現在の宗教法人では収支計算書の提出など事業内容を所轄官庁に提出する義務がある。ここに金融機関に対するニーズがある。

つまり、宗教法人法に基づく収支会計の支援を通じた経営総合支援→資産状況の把握→資産整理の提案→融資案件の創出という一連の流れの中で、寺院を対象とするビジネスチャンスがある。

寺院への貸宅地整理提案

背後に山、前面に道路がある寺院で、本堂の裏手にある山側と表通り側にそれぞれ相当数の貸宅地を所有しているというケースがあるとしよう（図表参照。以下の丸数字は図表の番号と符合している）。

① 山側と表通り側の貸宅地の借地権を買い取る。
② 本堂裏手の山側の貸宅地跡を墓地にする。
  ＊通常、墓地をつくる際にさまざまな許認可が必要となるが、寺院が自らの土地を墓地にする場合、あまり問題はない。
  ＊裏手の貸地がなければ表通り側に「納骨堂」ビルを建てる。
③ 表通り側の貸宅地跡に檀信徒会館（斎場）を建築する。
④ 同じく表通り側の貸宅地跡に賃貸マンションを建築する。この際、借地権を買い取れなかった借地人にはその借地権と等価交換で賃貸マンションの一部を提供する。

この結果、寺院は、これまでの収益性の低い貸宅地経営から、より高い収益が期待できる墓地経営、斎場経営および賃貸マンション経営に変わる。墓地と斎場を新しく所有したため、これにより檀家サービスが向上するとともに、新規の檀家を得ることができ、結果的に寺院経営の基盤を固めることができる。

また、賃貸マンションは、寺院経営の本来の収入を補完してくれる。

第3章　不動産を切り口にした融資の着眼点

寺院経営支援プラン

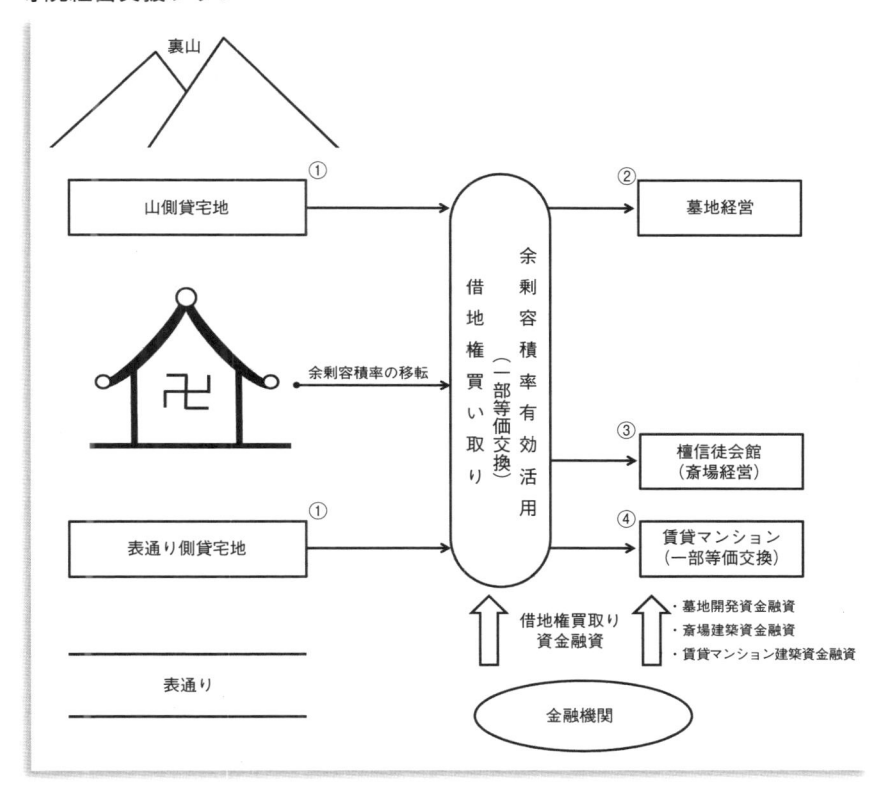

```
           裏山
         /\  /\
        /  \/  \
       /        \

  ┌──────────┐ ①         ②  ┌──────────┐
  │ 山側貸宅地 ├──────→┌──┐───→│ 墓地経営   │
  └──────────┘        │余 │    └──────────┘
                      │剰借│
                      │容地│
    ▲                 │積権│
   /卍\  ←余剰容積率の移転│率買│
  /   \                │有い│
                      │効取│      ③  ┌──────────┐
                      │活り│───→│ 檀信徒会館 │
                      │用（│        │ （斎場経営）│
                      │一  │        └──────────┘
                      │部  │      ④  ┌──────────┐
  ┌──────────┐ ①  │等価│───→│ 賃貸マンション│
  │表通り側貸宅地├────→│交換│        │（一部等価交換）│
  └──────────┘        │）  │        └──────────┘
                      └──┘
                        ⇧       ・墓地開発資金融資
                   借地権買取り   ・斎場建築資金融資
                     資金融資    ・賃貸マンション建築資金融資
  ─────────────
       表通り              ┌──────┐
                          │金融機関│
                          └──────┘
```

　寺院が建物を建築する場合、その境内の建物のない更地（境内地）の分の容積率を表通り側に新築する建物に移転することができる。これにより通常の建築に比べて格段に単位土地当たりの効率が高まる。

　金融機関側にとっては、貸宅地の借地権買取り資金の融資、買取り後の墓地経営、斎場経営および賃貸マンション経営の事業資金融資および口座の開設などの案件が創出される。

111

入口は寺院経理の支援

　以上は、寺院における融資案件創出の提案例だが、まず現在の宗教法人法による寺院経理の支援という形でアプローチしていくことがよい。そして、経理全般の管理を任せてもらうことができれば、メインバンクとして多くのメリットが発生するはずである。
　また、寺院の経理関係などは特殊な面も多いので、実務については寺院経理面に明るい税理士などに相談しながら行うとよいだろう。

第4章

消費性ローンマーケット

（1）個人マーケット

43 住宅付随資金需要の発見から生活口座メインを獲得

> **設例** 35年間勤務した会社を退職したAさんは老後の生活設計に不安があった。あと5年は引き続き契約社員として年収300万円程度で雇用されそうであるが、遅い結婚でまだ末の子が高校2年生、教育費にまだ800万円程度は確実にかかる。金融資産は退職金のほか約1,000万円あるが、事実上は退職金と年金で夫婦老後を暮らすことができるかが課題となる。
>
> 幸い相続で受けた自宅（時価4,000万円程度）が資産としてあるが、問題は老朽化で約1,000万円のリフォームが必要。退職金の運用で世話になったX行に相談に出かけ、そこで提案されたのが、自宅資産活用ローンである。自宅に根抵当権（2,000万円）の設定をし、リフォームから今後の生活資金需要に対応。A氏は取引を集中してお世話になることを決めた。

着眼点 個人資産に着眼した例。この場合、A氏の長年のサラリーマン生活の実績や契約社員としての今後の収入も引当として見ていく。ポイントは、①支払金利が今後の年収比率（30％程度）の範囲内であること、②金融資産運用に加え、根抵当権設定による自宅資産をベースにして取引を集中化し、生活メイン口座を設け、総合支援することだ。

準富裕層としての個々人の把握をしっかりと行う

個人をマーケット層で切った場合、金融資産で1,000万円程度保有している層を「準富裕層」とするならば、およそ団塊世代では退職金を支給された層がほぼ該当する。ここに生活に付随する確かな融資需要があ

る。資金需要を見つけたら、保全として自宅を根抵当権で担保取得することで、相当数の個人のメイン口座を獲得していけよう。

👉 住宅付随資金需要は、提案によっても掘り起こされる

(1) 住まいのローンは健全なものが多い

　本例は、老朽化した自宅のリフォーム資金需要であるが、それ以外にも「住」に関する資金需要は裾野が広い。そして、この分野では提案によっても投資の動機付けがされる。例えば、①太陽光発電やオール電化住宅化で光熱費コストの削減、②2世帯・3世帯化による同居世帯収入の増加を返済原資化、③バリアフリー化による介護保険の活用法、④耐震化など各種助成金の活用、等である。

(2) 自宅の根抵当権設定で自由度の高い調達手段を提供可能

　当然与信行為であり全ての人が対象とはならないが、本例のように資産の裏付けが判明している場合には、生活のメイン口座獲得でさらなる保全強化が図られる。さらに、取引の集中による収益性も展望できる。

👉 生活のメイン口座という概念を確固たるものに

　準富裕層としての生活メイン口座は、以下の定義で十分であろう。
① 「運用」は、退職金の運用などがイメージされ、貯蓄三分法の思想で、定期預金から外貨預金・投資信託・保険に至るいわゆる価格変動商品取引。
② 「調達」は、本件で組成する自宅を担保とするような資産活用ローン。これに加えアパートローン投資等、相続対策を兼ねる与信もありうる。
③ 「入出金・決済」としては、年金・配当金受領やクレジットカード・各種公共料金系の決済の集中であり、要するに集中することによって、取引優遇をする思想（例えば金利の引下げ・為替手数料減免等）を前面に押し出すことが効果的である。

(1) 個人マーケット

44 教育に着眼した資金セールスを徹底して世帯取引を獲得

設例 X信金では教育ローンに注力中である。市内の高校や塾全てに強力な依頼をかけ、上級学校への進学ローンや補習塾への通学ローンを告知し獲得しようというのである。

学校Aには、高校3年生の進学説明会（父兄向け）の際、校門のところでチラシを配布させてもらった。学校Bでは、近隣の補習塾に対し「B学校生徒様専用ローン」を組成して、入塾パンフレットの中にチラシを挿入した。

それと並行し、各支店でのCIFファイルを加工して「世帯マップ」を作る。これは各世帯の家族構成や学齢期に達する子との取引が一目でわかるようにしたものである。これを活用し、教育ローン取組時には必ず子孫の取引もセットすることを心掛け、世帯全員取引率を強力に押し上げる作戦を展開中である。

着眼点 教育ローンを取引の戦略ツールとして位置づけた例。教育ローンは全ローン中でも延滞率が低く、さらに世帯全員との取引機会も生まれうる。個別取引獲得にはマス・セールス的な戦法が効果的であり、本例は地域密着型金融機関にとって効率的な業務推進手法となろう。

🔖 教育ローン需要の裾野の広さは、意外に大きいもの

企業の運転資金需要は入金と支出のタイムラグにその本質があるが、教育ローンは、特に入学時に到来する一時的な資金需要を捉えようとするものである。その一方で、一般に「教育に借金をすること」には抵抗感があり、預貯金を取り崩して支払おうとする国民性がある。そこに着

第4章　消費性ローンマーケット

眼すれば、需要層は幅広く、またその取引を契機に世帯全体の取引の取込を狙う作戦は極めて有効である。

🖐 マーケティングの神髄を駆使しての取組みが有効

本例は、信金ならではの「狭域高密度営業作戦」の展開の結果といえるが、一般に、マーケティングの三要素（市場・商品・デリバリー手段）からの具体的アプローチは、次のように行う。
　①　マーケット・市場：大学進学を狙う子がいる高等学校の父兄、その補習・進学塾に通わせる子がいる父兄
　②　投入商品：既存の進学ローン商品（既存の消費者ローンで可）
　③　デリバリー手段：チラシで訴求（場合によって新聞折込も有効）
以上の手法で反応のある顧客と各支店の取引データをマッチングさせて軒取引の拡充を図るプロセスで進める。さらにシーズン・マーケティングだから、目標をもって集中展開することが成功のポイントである。

🖐 教育ローンを契機とした理想的取引像をイメージする

読者の中には、教育ローン取引を行う際になぜその子の取引を同時に獲得するのか、と疑問に感じる方がいるのではなかろうか？この場合、取引の理想像をイメージして進めることが重要である。

本例のX信金が考える教育ローンの借り手（債務者）は当然父兄になる。しかし、それが必要なのはたぶん大学進学を控えた16歳以上の高校生で、そろそろアルバイトも始めようという年齢だから、その給与振込のための口座も必要になっている。現在新入社員や学生を対象とした春先のキャンペーンが流行らないのは、こうした契機で作成された若年層時代の取引口座が多いからなのである。

自分自身の進学を資金面で支援してくれた金融機関の口座に取引永続性やメイン化の収益性があるかは不明ながら、この時機を捉え「精神的なメイン取引」に育てることは有意義なことであると確信する。

117

(1) 個人マーケット

45 物品サービス購入（車・旅行・介護等）目的ローン販売手法

設例 Aさんは地元の警察官を退職し、埼玉県の郊外地に墓石会社を設立して20年が経過した。今では娘婿の後継者がいるが、良心的商売をモットーとして安価な霊園の開発に付属しての墓石の販売は、まだまだ現役であり、とても娘婿には任せられないと豪語する。ちなみにAさんの個人資産は数億円という当地の名士であった。

X信金は開業以来の一庫先であり、これまでもAさんからの紹介でたびたび墓石購入者にローンを付けてきた。しかし、購入者は高齢者が主体で、なかなか一般の定型消費者ローンに乗らない。そのため、Aさんの個人資産を背景にした「保証」を取り付け、簡便な購入ローンの開発に取り掛かったのであった。A石材墓石購入ローンは、こうして誕生した。

着眼点 地域金融機関ならではの、地域に密着した個人ローンの組成例。一般的ではないが、地元に精通する金融機関が地域振興・再生のニーズに照らして与信商品を開発することは重要である。本例は保全がポイントであり、Aさんの個人資産を背景に「保証」を取り付けることでローン商品が開発された。

商店街をはじめとする販売促進ローンの開発は狙い目

金融機関は地域に根ざした産業振興に大きな役割を担っている。地域事業者は、金融機関に対し、自企業の販売促進につながる顧客への与信を期待しているのである。これは時として具体的要望となって現れる。

新たなローン商品開発には保全と事務の簡便さが要求される。このう

ち、保全については、一律ではないが、基本的には保証会社の保証、個別組成であれば提携先の信用・保全が求められる。

💣 目的ローンは対価としての物品・サービスが前提

主な目的ローンは、①自動車、②教育、③ブライダル、④旅行・レジャー、⑤家電、⑥介護、⑦葬祭・仏具等であるが、本例は保証会社の保証に頼らないプロパーの提携ローンである。この目的ローンは使途が限定されることから、それを確認し、支払に制限を設ける煩わしさがあるが、金利は比較的低めに設定ができるメリットがある。担保条件は金額次第ながら住宅ローン以外はほとんどが無担保である。

規模の大きい金融機関はなかなか地域課題に呼応した目的ローンの開発を行わないが、中小になればなるほどそれに弾力的に対応でき、またそこが融資マーケティングの妙味となる。企業も販売促進のために金融機関とのタイアップ条件には相当に弾力的・個別的に対応するから、やや時代に逆行する感はあるが、こうした動きは今後注目されよう。

💣 保証会社の保証付ローンの個別条件変更でも対応可能か

今後、既存の定型ローンにおける保証会社の保証付ローンの適用条件を変更したローン組成は理論上可能かと思われる。

この場合の事務手続のメリットは、いうまでもなく事務が定型され簡便となることであろう。したがって、金融機関本部は、保証会社とのこうした条件変更交渉に注力する局面も出てくるものと思われる。

融資開拓における最も重要な目的は、取引先の顧客が抱えるローンニーズを察知し、その具体的解決を図ることである。個人ローンは高利回りであるうえに、多岐分散することによる保全の良化というメリットがある。

そして、地域振興とは、まさにこうした顧客ニーズ（販売促進）を実現するためのきめ細かな活動にあるのではないだろうか。

(1) 個人マーケット

46 ライフイベントに着眼した富裕層向け大型カードローンの活用

設例 弁護士のA氏は今年で55歳になる。個人事務所で弁護士として活躍中であるが、このたび長男が結婚、独立するにあたり、結婚費用や新居への支援で800万円程度の支出が必要となった。現在事務所の経営は全く順調だが、従業員を2名雇っていることや近く新事務所への移転の計画があり、こうしたプライベートの支出はやや重たく感じた。また、すぐに次の娘の結婚話も控えており、そうした資金の工面について取引行のX銀行に相談した。

X銀行ではこうした富裕層向けの信販会社保証付の大型カードローンを準備しているとのこと。A氏は自宅等を担保に入れての資金調達を覚悟していたが、個人信用をフルに活用できるうちは、極力無担保での調達がいいと考え、それに申し込むことにした。

着眼点 近時大型のカードローンに各行が注力している。富裕層の取込商品として活用を目指しているが、一般的には住宅ローンの完済者をターゲットとして捉えているケースが多い。本例では個人事業主でもライフイベントの使途で活用できる点を訴求したい。

定収のある富裕層のメイン化ツールとして捉える

カードローンのメリットは無担保・無保証という枠の確保であり、富裕層へ提供する与信枠として最適である。

本来的には資産活用ローンで自宅担保を前提として考える人に対しては、まずこのカードローンの利用にメリット感をもたせることが大切である。

第4章　消費性ローンマーケット

💣 カードローンについての正しい理解と販売促進手法

カードローンの条件、メリット等の概要は次のとおり。

① 一般的な利用資格：年齢（申込時20〜60歳）、年収400万円以上で継続した安定収入有、保証会社保証が受けられる人
② 資金使途：健全な消費性資金
③ 金額：50万円程度から800万円程度まで
④ 返済方法：毎月定額返済（残高スライド方式）
⑤ 金利：年3％台から（借入枠の金額が大きくなればなるほど低金利）
⑥ 担保・保証人：保証会社の保証で別途の担保・保証人は不要
⑦ 保証料：通常は金利に含まれる

カードローンを利用する層は自宅を有していることが多く、審査のポイントは自宅資産状況や他の借入金とのバランスを見る。定期収入とこの資産・負債バランスについてクリアすれば、借入枠はほぼ確保される。したがって、各行は富裕層へのDM等のマス・マーケティング手法により積極的に拡販している状況なのである。

💣 富裕層へのアプローチ商品として戦略的に機能させよ

リタイア層に対する自宅担保での資産活用ローン（第43項参照）とは異なり、カードローンはその前段階における現役富裕層への無担保・無保証与信枠である。富裕層にとっては、保有するだけならコストがかからず、いざという時に利用でき、一方、金融機関としてはその際には高い金利収益が得られる戦略商品なのである。

ポイントは事業性資金ニーズと混同をさせないこと。個人の消費性資金として融資した資金が事業へ流用されるようなことは避けなければならない。したがって、個人事業者としての仕振りもチェックすることが必要である。

(1) 個人マーケット

47 修繕・リフォームなど再生型個人ローンの販売テクニック

設例 X信金Y支店では近隣にあるA住宅展示場とタイアップして、「リフォーム資金調達セミナー」を定期開催している。これは展示場の中に入っている取引先リフォーム業者B社からの依頼に基づくものであるが、最近のリフォームブームで、この施策が大ヒットし、昨年のリフォームローン取組件数は全金庫中Y支店がトップの成績であった。

Y支店ではこれを発展させるべく、単にリフォームに留まらず、増築・ソーラー導入・オール電化に加え、家電・車などの付随目的ローンを、地域の業者とのビジネスマッチングの仕組みを利用して拡大した。そして、これを親密地元取引先との商売機会の創出につなげ、その見返りとしての法人融資にまで好結果を残すという成果に発展中である。

着眼点 無担保・無保証の「リフォームローン」というローン商品を活用してリテール層への食い込んだ好事例。さらに、派生領域に進出して、地域法人との深耕を図るダブルの効果を創出できた。特定の資金需要者の発掘は、こうしたセミナーのような集合媒体を利用することが効果的である。

営業店の取引先を一覧しての個人ローン組成手法を

奇しくもY支店のマーケットに「住宅展示場」があったことが奏功している。おそらく住宅地で、建設やリフォームが盛んな地域だからこその事例であろう。このようにマーケットや主要取引先を見直している

第4章　消費性ローンマーケット

と、自ずと個人ローン販売のヒントが浮かぶものである。そこから販促手法を開発していくことがポイントである。

🔔 地域金融機関は「情報」を媒介してローンを創出する

　リフォームに限らず、個人ローンは創り上げることができる。そうした例を以下にもう1つ示そう。

　ある信金の商店街担当者は、商店ごとのニーズ吸収を最大の使命にして活動していた。ある日商店経営者の家庭を訪問したところ、冷蔵庫が古くなって唸りを上げていた。次に集金に回った家電小売店では、「秋の家電フェア」のチラシを見つけた。

　この商店街担当者は、そのチラシを冷蔵庫が唸りを上げていた商店経営者に持ち込んだ。このとき家電小売店からは顧客を紹介した際の多少の割引の約束を取り付けていたから、その情報も付け加えたところ、果たしてマッチングが成功したのである。

　商店街担当者は、家電ローン獲得に加え、家電小売店からも取引成約の見返りとして運転資金借入の約束を取り付けたのである。

　このように金融は、情報の媒介に徹することで商売を成立させ、資金需要や運用の案件を獲得できるのである。

🔔 個人ローン販売の基本はマス対応だ

　ただし、こうした個別の活動は「やや非効率」というものである。
　現実には1件当たりの金額も小さく、コストをあまりかけられない事情がある。個人ローンの獲得は、やはりマス・マーケティング手法を駆使しなければならない。DMもさることながら、新聞折込、近隣業者への置きチラシ、近隣事業所でのチラシ配り、公的施設等でのセミナーや相談会といった「大衆を相手に数多くの情報流布による候補群の発掘」が欠かせない。小口の個人ローン拡販はもはや「知能戦」なのである。

123

(2) 法人マーケット

48 役職員への融資による中小企業の増資のすすめ

> **設例** A社は資本金500万円、年商5億円の機械製造業である。資金需要は旺盛で、金融機関も積極的に融資に対応している。
> そのA社がこのたび従業員持株会を作った。これまで資本はオーナー一族のみが保有していたが、業績好調下にあって、開かれた企業にしたいとの後継者の希望があったからだ。
> また、その一方で、A社は1株の評価額が株式額面金額の17倍にもなっていたため、その評価引下げを狙って増資という手段を検討していた。
> そのスキームとして従業員持株会による増資を考えていたが、増資資金の払込をある程度確実なものとするためには、従業員への増資資金融資の制度を作り、等しく増資に応募できるような枠組みが必要であり、その方法について主力のX銀行に相談を持ちかけたのである。

着眼点 業績好調な企業ながら、これまで同族経営で資本政策が未熟な企業に持株会があれば、このようなスキームで資金セールスが可能である。従業員にはローン対応とはなるが、勤務企業がしっかりとしている場合には、融資対応が十分可能となる。

増資アプローチは段取りが大切である

増資資金需要については、前回増資についても調査し、自己資本が過小となっていれば財務内容の安定化をキーワードにアプローチする。従業員持株会でのスキームを提案することにより、増資金貸出にあたっては、役職員向けの定型的なローンがセットできる。企業の増資目的は、

自己資本の充実、安定資金確保、事業承継対策、企業イメージの向上、株式評価額引下げ等にある。

従業員へ融資をする際の審査ポイント

こうした場合、持株会向けには一律のローン組成が無難である。持株会はいうまでもなく、従業員のモラール向上、安定株主対策、事業承継にあたっての節税対策に意味を持つ。さらに、そこにローンが付与されている状態は取引銀行への信頼度向上にも資するものと考えられる。

従業員向けに増資資金を融資する場合、返済原資は給与所得や配当金となるが、その継続性を担保するのはひとえに企業の業況であり、金融機関としてはその把握がポイントとなろう。

むろん、新規開拓の際には、ターゲット企業を検索・抽出する段階において、こうした業績好調な企業の選定がポイントとなる。

融資プラン作りは取引メリットの獲得まで

融資のプラン作りのプロセスは以下のとおり。

① 増資計画の検討
　　増資資金の使途、使途計画に基づく支払時期の把握、増資金額の聴取、増資払込手続の方法、増資分の株主名簿の入手。

② 収益計画の分析、検討
　　増資計画と長期収益計画とを照らし、その妥当性を判定。

③ 融資条件の検討
　　株主名簿と増資引受人に対する資金調達をヒアリング。人数が少ない場合には株主各人の取引状況・返済能力・担保等を勘案し個別案件として対応。その他の場合には定型的な個人ローンを投入。

④ 取引メリットの交渉
　　資金トレースに加え手数料収益の確保。肝心なのは本件融資を通じての個人取引面のパイプの強化。

(2) 法人マーケット

49 社内融資制度のバックファイナンス提案は狙い目

> **設例** X銀行では、企業の資金需要の状況について、取引先との懇親会で議論した。その際、若い従業員が増加しているヘアサロン業界のA社社長より、貴重な情報が得られた。
>
> それは従業員に対する社内貸付の残高が急激に伸びているのだという。確かに、X銀行ではA社に限らず、若い社員が多いところはカードローンなどの契約が順調である。法人本体での設備投資や運転資金よりも伸長している。
>
> それを機に、X銀行Y支店長は取引先の資金ニーズについて一斉に聴取した。その結果、支店内の法人先12社において、社内融資の肩代りニーズや福利厚生ニーズに対応するためのバックファイナンス需要があることが判明し、早急な対応を指示した。

着眼点 企業内にある動静をこうした懇親会を設営して聴取することには大変意義がある。新しい情報吸収のスタイルとして導入してみてはどうだろうか。本例は資金需要の最近の動向として、個人資金需要がそのまま法人資金需要となっていることをうまく捉えた好事例であるといえる。

社内情報をいかにうまく吸収するかの工夫

本例では、「取引先懇親会」という媒体により社内融資の需要増が情報として明らかになったが、定例の営業訪問を補う情報吸収の方法の創出は検討に値する。①アンケート調査、②取引先社長を金融機関店舗に招待してのヒアリング機会創出、③出張セミナー等が過去の経験上で有

効である。こうした場合、あらかじめテーマを想定したうえでの綿密なアプローチが大切である。

融資を創り出すルートは次の3点であると想定

本例の金融機関の対応方法としては、①バックファイナンス方式、②個人フリーローンの組成、③社内融資一括肩代り、があげられる。

① バックファイナンス方式
　　社内融資勘定は企業に残し、融資分を企業に融資する。金利は一般運転資金並みとなり、担保・保証人等の保全も当該企業と同対応
② 個人フリーローンの組成
　　会社からの推薦ないし一括とりまとめに対しては何らかのプレミアムを付与する。事務上では若干の便宜を図る個人ローンとして提供（過去に利子補助などを付与した時代もあったが、現在は不要）
③ 社内融資一括肩代わり
　　勘定を銀行委託するイメージであるが、システム上の手当てが必要で難易度は高い。金融系関連会社で組成するケースがありうる。

資金需要の発見から、他社への水平展開の重要性

X銀行Y支店長が一斉に取引先を調査した動きが卓越している。ある企業では単純な社内融資資金需要だけではなく、退職金の前借制度や資産担保ローンニーズまで引き出すことにつながったようである。

福利厚生については企業内で抱え込むケースと、完全に分離して外へ委託して出してしまうケースがあり、ことごとく調査すると、さまざまなニーズに遭遇し、それ自体が大きなビジネスチャンス情報となることが多い。

本例は「融資」をテーマとしたが、「資金運用」としての社内預金の移行等のテーマも、いわば背中合わせの領域なのである。

(2) 法人マーケット

50 提携消費者ローンをショッピングクレジットと対抗

> **設例** A社はX銀行メインの高級呉服チェーンで全国に140店舗を有している。売上は時代背景もあり低迷しているが、最近では比較的若い女性も振袖の晴れ着を購入するケースが多くなっているという。大概はショッピングクレジット（信販）での購入が主で、提携ローンのほうが安くつくのに手を出そうとしないのが最近の趨勢、というのが同社財務部門の話である。
> 　無担保カードローンの拡販は手を緩めず行っているが、これでは与信の収益が獲得できる機会を信販・保証会社にもって行かれているとの危機感を強くもったX銀行のA社担当のY支店では、A社提携ローンの金利を下げ、書類を簡便にして、キャンペーンを展開してみたのであった。

着眼点 住宅ローンでは提携ローンの利用が全体の6割に達するが、消費者ローン系ではショッピングクレジットが台頭している。原因は企業との提携の中身が曖昧で、販売側の認識が低いことにほかならず、法人営業のグリップの問題と考えられている。契約全体の見直しが求められる。

🕊 法人営業担当者は自店の提携ローン契約先の全把握を

　最近では、金融機関の営業体制は法人と個人（リテール）に分けることが多く、この弊害が出てきているのではないかと懸念している。法人側の販売戦術として提携消費者ローンを活用するような企業であれば、その利用頻度や実額を伸ばすことは法人業務推進の1つではなかろう

か。おそらく、担当者はこうした枝葉末節的な事柄には無頓着であろうが、リテール系ローン推進本部とともに一斉見直しが必要であろう。

💣 提携ローンとショッピングクレジットの違いを理解

一般的なショッピングクレジット契約は「立替払契約」で、信販会社が顧客に代わって商品の購入代金を販売店に立替払いし、顧客は購入代金に分割払手数料を加えた金額を分割して信販会社に支払うことを内容とする契約である。

これに対して「提携ローン契約」は信販会社の提携する金融機関と顧客の間で商品の購入代金相当額を借り入れる契約を締結するとともに、当該借入契約について信販会社が顧客の連帯保証をする契約を締結し、顧客は購入代金相当額に利息と保証料を加えた金額を、金融機関から集金の委託を受けた信販会社に分割して支払うことを内容とする契約である。

「提携ローン契約」は、顧客にとっては支払う利息・保証料が「立替払契約」における分割払手数料に比べて安いというメリットがある。そこが訴求ポイントとなろう（信販会社も提携ローン契約ならば自らが立替払するわけでなく資金調達が不要というメリットがある）。

💣 個人取引の構築は「クレジットカード」付与が基本

これまでショッピングクレジットと提携ローンを中心に説明してきたが、クレジットカードの位置付けはどうであろう。クレジットカードは、現在メガバンク系は自行が運営し、グループとして収益を取り込む構造となっている。さらにリボ払い（分割払）を推進し、収益強化策も十分に展開中である。よって基本はクレジットカードの販売であろう。

しかし、着物や宝飾品といった高価な買い物には、まだ信販が台頭している。その分野へ提携ローンを伸ばしていくことが、残された命題ともいえる。

(2) 法人マーケット

51 地域の個人事業者・消費者向け金融・物融業へのアプローチ

設例 A町は都心から1時間の新興住宅地であり、最近鉄道の新線が延伸して人口増加が著しい。X信金A支店はそれに合わせて開店した。まだ2年目であるが、駅前に1カ店ということもあり、法人・個人の資金需要を独占し、業績はすこぶる好調である。

そんなおり、駅前にB商店振興会が結成され、地域消費者向けにクーポンの発行や商店街会員事業を含む信用組合事業が開始され、その運転資金の申し出があった。聴取したところ、商店街組合員にも一部貸付事業を営むという。

また地元企業による「レンタルショップ」がいくつか開店し、その中の大手C産業は不動産業発祥で、DVD・ビデオに加え、貸衣裳・貸布団から介護用品まで取り扱うらしい。個人相手のビジネス機会は大きい。

着眼点 本例の焦点は、本来個人に対する融資事業について、その川上に位置している当該金融・物融企業に対する資金需要の取込みである。B振興会もC社も、その客体としての個人事業主や消費者個人向け与信ビジネスであり、そこにその上に立つ金融機関の出番があると理解する。

資金需要が個人の消費に根付いた企業をリサーチ

地元企業をあまねく見ていると、こうした個人への融資事業をサポートする、「卸金融」のような資金需要に遭遇する。簡単に言えば、レンタルショップやリース会社に代表されるが、賃貸品の備品購入資金需要

が旺盛なのである。

消費者金融業者への融資は難易度が高く、本部マターとなるが、こうした一般事業体ではリスクが分散しており取り組みやすい。

🦢 具体的な資金需要の発掘と貸出審査のポイント

B振興会向けの一般運転資金（開業）と転貸資金は分ける必要があるが、出資金や不動産担保等を見合いに、一部信用貸しを含めて対応することが必要であろう。会員の構成や事業の妥当性を審査する。

C社については、本業の不動産業の業況を睨みつつ、レンタル事業開始にあたっての必要調達額の支援となるが、マーケティング調査を含めた事業計画をしっかりと審査していくことが肝要であろう。

いずれの資金需要も、地域個人（消費者）に対する融資事業を束ねて支援する形態になり、債務者はあくまでB振興会やC社となるが、背後にある個人の健全性もポイントとなる。よって地域個人についても、極力金融機関取引拡大のアプローチをしていくことを検討することが望ましい。

🦢 「個人の組織化」を金融機関としても検討

本例でX信金は、系列のクレジットカード会社とB振興会・C社共に、提携カードを開発して、会員個人に販売することに成功した。

スキームは、B振興会・C社とも会員制度を採用し、会員カードとクレジットカードの併合カードを発行し、年会費をクレジットカード払いとするものである（ただし、クレジットカードの利用額に応じ年会費の減免制度を織り込む）。当然、一般の買い物を含め代金決済は当該カードでクレジット払いができ、販売促進ツールとなるように設計されている。

X信金としても、個人口座の獲得につながり、その個人口座の給振セット等のメイン化が、B振興会・C社宛融資の回収原資となる構図である。

(2) 法人マーケット

52 主流のオートクレジット・ローンは法人向け個人ローン

設例 A自動車商会は、大手自動車メーカーの相乗りディーラーとしてB市内に3店舗を構える業歴66年の老舗。終戦後、現会長がモータリゼーションの時代を先取りして会社を興した。今では、大手メーカー系自動車販売金融が当たり前となっているが、創業以来の主力取引をお願いしているX銀行でのオートローンを前面に提案している。
　現社長は3代目で、このところ中古車販売部門も拡充して販売量ではメーカー系ディーラーをはるかに凌ぐ勢いで事業展開中だ。そんなある時、社内でリース会社を立ち上げ、残価設定クレジットやカーリースという販売手法も加えていきたいという相談があった。X銀行では従来のオートローンに加えて、販売金融子会社取引にも積極支援を打ち出した。

着眼点 地域にはこうしたメーカー色を出さない自動車販売業者がいる。オートローンは提携ローンになっているケースも多く、コスト面では競争力を有する。リース会社設立をはじめ、バックファイナンスの支援充実はほとんどのケースは自行の高収益オートローンと等しく、注力するに値する。

🔎 自動車金融にはあらゆる形態があり取引先研究を

　残価設定クレジットとは、月々の支払を抑え、最終残価時に買取り・返却・乗換の選択が可能な方式で、リースとはリース会社が購入しメンテナンスリースする方式だ。いずれも自動車販社には調達コストが生じるが、唯一オートローンだけが購入者より売買代金を一括で回収できる。

何を好んで活用するかにより、取引スタンスをうまく合わせるべきである。

🔖 法人業務推進の中にも、リテール手法が活きる領域

X銀行のA自動車商会担当者は、信頼に応えるためにも、この機会にA社の営業販売に全面的に協力すべきであろう。A社の販売量が拡大すればするほど、立替資金や設備資金需要に加え、販売対象である個人や一部法人筋へのローン営業実績につながるからである。

A社に限らずオートローン市場はあらゆる調達形態が乱立しており、特にオートリースはライバルとなるが、ローンのよい点である金利・コストの安さについては、競合した場合に十分アピールできるようにしておきたい。そして、金融機関の利益に誘導することも大切だ。

また、このような個人向けの商品・サービス販社の販売にローンは付きもので、旅行会社やブライダルといったサービスを販売するケースでも目的ローンは存する。ローン推進本部やクレジットカード会社との連携も含め、法人業務推進の営業協力に属する必須アイテムとして、我々はレベルアップしなければならない。

🔖 リース会社設立は自動車販売に限らない商機

リース会社の社内設立は、実はブームである。

最近ある出版社でも総務部が主導でサービス子会社を設立し、社内で使うパソコンやコピー機、営業車両等をリース会社に移した。狙いは社内経費の節減（社外への利益散逸防止）である。社内のこうした什器・備品はこのサービス子会社が金融機関より資金調達し、グループ内に貸与することになる。

金融機関としては、こうした社内改革の動きをキャッチすれば、その分野での資金調達案件を独占できるのであり、見逃せない。

(2) 法人マーケット

53 不動産・建売業者への資金投入の出口に住宅ローンあり

設例 関西にネットワークを有するＸ銀行は、不動産業とりわけ建売業者への融資を得意としている。この強みが地域の定評となり、土地売却情報が集中するようになった。そして、さらにそれを求めて不動産・建売業者が集うのである。Ｘ銀行では、土地仕入資金に建設資金と金利を含めて貸出案件とし、約１年余の中短期資金で出すのが１つのパターンとなっている。

そのなかでＡ社はその案件をこなす最右翼の存在として、年間で30件程度を仕上げる。Ａ社の取引店Ｙ支店長はいわばＡ社の営業部長的存在である。ローンセンターや地域の不動産仲介業者を通じ、Ａ社が組成する建売案件の購入者への住宅ローンをすべて取り扱う。つまり、Ｙ支店が取り扱う住宅ローンがそれ自体Ａ社に対する土地購入・建設資金の中短期貸出の確実な返済原資となっていくのであった。

着眼点 土地向け融資が、健全な「住宅ローン」に変化するスキームである。このスキームは、不動産融資というある意味でリスクが高いと思われている融資から入るが、事故率・延滞率は極めて低い。これはある種の得意分野がなせる業というべきであろう。リテール業務推進にも定評が得られよう。

🌏 地域（土地）情報を集中させ、不動産業者に信頼を得る

金融機関として得意分野をもっていることの強みの例である。今日ではメガバンク系では信託・不動産会社があり、「不動産」は商機発掘の

最大のツールである。大規模な開発ではない、低リスクの宅地案件では、地域不動産業としてはどのようにでも加工ができる物件であるわけで、それは貸手である金融機関にとっても極めて安全な商材となるのである。

💣 不動産融資審査にノウハウを蓄積し、即決が支持

敬遠しがちな土地仕入れ融資であるが、以下の見極めが参考となろう。
① 立地：宅地分譲案件では、駅徒歩 20 分以内圏が購入動機の分岐点
② 地形：建設可能というのは最低条件。道路付や車の進入等も確認
③ 周辺環境：周辺と同様な住宅地であるか、いくらアクセスがよくても利用が孤立しているような場合は不可
④ 価格：売却者の事情にもよるが、安価であればあるほど好条件として良質。ただし瑕疵物件については要注意

これ以外にも判定要素はあるが、対象物件に加えてさらに債務者となる建売業者の属性、経営実績、風評等がポイントとなる。

特に建設技術は販売の決め手となるものであり、これらは長年の取扱い実績がものを言うことになる。X 行の強みはこの分野に熟知していることの強みなのだ。よって、スピード審査や適確審査に好影響し、ますます定評が高まっていく構図となっているのであろう。

💣 個人金融の優位性を発揮し、圧倒的な信頼につなげる

地域金融機関の影響力は絶大である。X 行の場合、ローンセンター運営に注力し、地場不動産業者も同行と提携ローン契約をしているケースが多く、住宅購入希望者はかなりの確率で X 行と取引することになる。

特に土地仕入から住宅ローンまで完結すべく仕組むケースにおいては、X 行住宅ローンに帰結することはもはや避けようがない。住宅ローンは個人メイン化の戦略商品であり、X 行はリテール分野の圧倒的収益ドライバーとして、本スキームを徹底機能させているといえる。

第5章

融資補完制度の活用

(1) 各種融資制度の活用

54 「創業」には政策公庫・保証協会の創業支援融資を活用

設例 X信金ではシニア創業を支援するセンターを開設した。これは低迷する産業資金需要に新たな活路を見出すという目的もあるが、同信金の地盤では比較的創業企業が多く、その意味で生き残りをかけているともいえるのである。

金融機関を中途退社しクリーニング業を個人事業として開設したA氏は、X信金の取引先であった。A氏は金融出身であるため資金調達は簡単とタカをくくって、まず日本政策金融公庫（以下「政策公庫」という）へアタックしたものの、自己資金と経歴の点で謝絶された。そのため、X信金の門を叩いたところ、自己資金の点ではX信金と家族取引があったことが評価され、保証協会の創業融資のほうで取上げがかなった。

その後業績が向上し、X信金のプロパー事業者向けローンの審査にもパス、今では政策公庫での通常の運転資金取引も実現している。

着眼点 創業融資も、基本は金融機関との取引をどう評価できるかである。民間金融機関としては「保証協会の保証付融資」から入り、政策公庫を併用しながら一定の業績を上げさせ、自行のプロパーローンへ誘っていくことが定石となろう。

🕊 政策公庫と保証協会の決定的な違い

政策公庫の融資は「担保・連帯保証不要」が売りであるのに対し、保証協会保証付融資は「法人の場合は代表の連帯保証原則必要」という点が決定的に違う。創業資金は、どちらかといえば保証協会のほうが審査

第 5 章　融資補完制度の活用

が通りやすい。これは、やはり保証料を支払って保証協会が保証して金融機関が融資を実行する点や、都道府県などの自治体が関与する点（斡旋融資等）で、通りやすくなっているものと思われる。

🔲 それぞれの特長を捉えて、提案してみることが必要

　日本政策金融公庫と保証協会保証付の融資の主な特徴は次表のとおり。

	日本政策金融公庫融資	保証協会保証付融資
対象者	新たに事業開始する者または開始後税務申告を 2 期終えていない者	新たに事業を開始する者または開業後 5 年未満の者
返済期間 （運転資金）	5 年以内 必要に応じ 7 年以内	7 年以内
金　利	年 4% 以下	年 2% 前後。ただし別途保証料有
保証人	原則不要	法人は原則代表者が連帯保証 個人事業主は原則不要
窓　口	日本政策金融公庫	金融機関・役所など各自治体・保証協会 ただし、資金は金融機関が拠出

　本例のように、創業制度融資の場合でも、取引振りを勘案した金融機関の推薦が使える分、取引が展望できるならば保証協会が奨められる。
　また、X 信金のように創業支援センター等を構えた場合には、近い将来、極力プロパー対応ができるように支援・育成していくスタンスが望まれる。

🔲 創業融資が絶対的に NG とするのはどういう場合か

　①　謝絶をされて半年たたずに再申込するような場合
　②　自己資金がゼロの場合
　③　独立せずに会社員等を続けながら会社を設立しようとする場合
　④　公共料金・税金等の滞納がある場合、税務申告の未履行の場合
　⑤　クレジットカードの事故記録や過去に自己破産等がある場合
　⑥　本社住所がバーチャルオフィスやレンタルオフィスの場合
　上記のいずれか 1 つでも該当する場合には、創業支援融資は不可とすべきであり、特に④と⑤はそもそも融資該当要件にも抵触しよう。

(1) 各種融資制度の活用

55 苦境時にはセーフティーネット貸付・保証・再生関連貸付を

設例 A市には全国有数の石油コンビナートがあり、市全体に石油加工製造業がひしめく。折からの円安・原油高で各社とも業績低迷に苦しんでおり、当市最大の金融機関である地銀のX行ではやや後ろ向きの資金需要が増加しつつあった。そのため、同行Y支店長は業者の会合には極力出席して状況聴取に努めていた。

そんな中B社から深刻な悩みがぶつけられた。2年前に保証協会保証付で大型設備投資を行い、無担保保証枠をほぼ使い切ってしまっているところに、取引先の倒産があり、至急資金手当てが必要であるとのこと。Y支店長はその設備を担保としてうまく活用できるように保証協会と交渉するとともに、日本政策金融公庫（以下「政策公庫」という）への打診も並行して行うことを勧めた。その結果、保証協会での別枠保証が活用できることとなり、事なきを得た。

着眼点 セーフティーネット関連では、保証協会保証制度と、政策公庫が行うセーフティーネット貸付制度がある。各制度内容をしっかりとつかみ、それらを複合した提案で苦境を乗り切らせることが金融機関の力量であるが、まず、地域情報をキャッチすることが肝心である。

🍃 8種類のセーフティーネット保証制度

セーフティーネット保証制度は、次の8種類の事象が元で事業に支障が生じている企業に、保証限度額の別枠が設けられる制度である。

①連鎖倒産防止（1号）、②取引先企業のリストラ等の事業活動の制限（2号）、③突発的災害（事故等）（3号）、④突発的災害（自然災害等）（4号）、

⑤業況の悪化している業種（全国的）（5号）、⑥取引金融機関の破綻（6号）、⑦金融機関の経営の相当程度の合理化に伴う金融取引の調整（7号）、⑧金融機関の整理回収機構に対する貸付債権の譲渡（8号）

B社では①を活用できよう。

政策公庫の制度貸付も併せて検討する

政策公庫では、セーフティーネットとして①経営環境変化対応資金、②金融環境変化対応資金、③取引企業倒産対応資金の3種類が準備されている。B社が③を活用した場合の条件は、以下のとおりである。

貸付限度額：中小事業者別枠1億5,000万円、国民生活事業では別枠3,000万円

貸付期間：運転資金7年以内（うち据置期間1年以内）

保証人：保証人を不要とする制度が利用可能

なお、担保に関しては政策公庫サイドの考え方に従うことになるが、金額が大きい場合には当然必要となろう。しかし、その場合でも既存所有不動産に第2順位以下の設定も検討は可能となる。

このように、取引先の苦境時には金融機関が斡旋して資金調達の幅を広げる提案もありうる。

保証協会における無担保限度の考え方を顧客ごとに知るべき

本例のように苦境に陥っている取引先企業については、保証協会保証付融資を最大限に活用すべきであるが、無担保枠を使い切っているケースも多い。そこで、日頃より協会との交渉の中で、顧客ごとの無担保扱い範囲がどの程度なのかを知っておくことが極めて重要である。セーフティーネット保証については市区町村への認定申請が必要であり、無担保扱い範囲がわかっていないと、徒労に終わることもあるからだ。

本例ではY支店長の機転により、既存設備の担保交渉と、政策公庫の併用を提案準備し、対応期間内に満足いく回答が得られた。

(1) 各種融資制度の活用

56 制度融資や商工会斡旋融資は保証料・金利補助メリット有

> **設例** A県B市は政令指定都市として活気がある。そこに学習塾のチェーン店を創業しようとしたCさんは、長年の夢の実現に創業専門のコンサルタントD氏を訪ねた。X信用組合はこのD氏と懇意であり、しばしば情報交換をしているが、B市内の起業者に手厚いサービスをしていこうと、D氏からの紹介には万難を排しスピーディーに融資決定に導いていた。
>
> そのスキームが、A県B市の制度をフルに活用した、いわば「初めて事業を経営する方向けの金利低減プラン」である。Cさんは、このプランの下、地元商工会の経営サポートを受けてA県信用保証協会の創業関連保証とB市の創業支援融資制度を利用し、X信組より実質年0.4%という驚くべき低金利で開業資金融資を受けることができた。

着眼点 金融機関として、有用な情報をパッケージ化して提案することの好事例。希少な特典が付与できる新規顧客層への提案は、あらゆるアンテナを張り巡らし、得意ジャンルに十分磨きをかけておけば実現可能である。

県・市の両方に跨る特典を組み合わせる金融支援

県信用保証協会では創業枠での制度融資を有しているケースが多いが、保全を重視する姿勢から、地域商工会の経営指導員による経営サポートを受けた場合には金利が逓減される。一方、市で創業を促進する見地から、市内での起業者について利子の一部を市が負担するという施策が

あり、それを組み合わせたものである。

具体的な提案書で訴求してみると

(1) 経営サポート型創業支援融資の概要（A県信用保証協会）

　融資申込前に創業支援機関（地域商工会）の経営指導を受け、かつ融資実行後に2回以上（概ね半年に1度）の経営指導を受けることを約した創業者で、1カ月以内に個人事業または2カ月以内に法人事業を新たに開業予定の創業者または開業後1年未満の創業者

　① 融資限度額：1,500万円（資格により若干の増減あり）
　② 融資期間：運転資金1年超7年以内、設備資金1年超10年以内（いずれも1年以内の据置期間を含む）
　③ 融資利率：通常ならば年2.1％のところ年1.9％（固定金利）
　＊上記のほか軽減された別途保証協会保証料0.8％が必要

(2) 創業支援融資制度（B市）

　創業する個人（市内在住）または市内で創業して1年未満の中小企業者

　① 利用者負担利率：年0.4％（融資利率1.9％から市負担利率1.5％を差し引いたもの）
　② 融資期間：7年以内（据置1年以内）

　上記(1)(2)により、7年間は年0.4％（別途保証料0.8％が必要）での創業資金調達が可能となる。

その他小規模事業者経営改善資金利子補給制度等

　このほか、例えば商工会の経営指導を受けて調達した経営改善資金について、政策公庫へ支払った約定金利の7割を限度に3年間補助を受けられる、というものもある。

　このように金融機関として、都道府県によっては異なるが、あらゆる制度を研究して提案した資金セールスはたいへん効果的である。

(1) 各種融資制度の活用

57 大規模災害復興資金・保証

> **設例** 大雪のため縫製業を営むA社の作業場の屋根が一部崩落した。A社は原発災害地域にも協力工場を有しており、計画的避難区域に指定されたために、協力関係を廃止して自社生産としていた矢先であり、文字どおりダブルパンチを受けてしまったのである。
> 　作業場は全面的な建替が必要な状況であり、財務状況は日増しに悪化し、取引金融機関のX信金としては相当な金融支援を施すべく検討に入った。X信金は、A社に対してまず県の大雪被害特別融資を勧めた。その後当地域がセーフティーネット保証4号の指定を受けたため、それに加えて、セーフティーネットによる別枠保証の利用を勧めるなど、あらゆる制度を駆使した結果、資金繰りについては、何とか最悪の事態は逃れることができた。

着眼点 災害という事態には、国家が指定する救済措置が遅れて発布されることがある。被害企業には最新情報を提供するなどして、積極的支援が肝要である。組み合わせが可能な制度を情報として提供し、設備・運転資金は十分に供給すべきである。

🕊 大雪被害は2階建ての支援体制

　大雪被害について、県では、融資限度額8,000万円（固定金利年1.8％、融資期間10年以内）の独自制度融資に加え、セーフティーネット保証4号（第55項参照）で別枠8,000万円（固定年2.0％以内）が提供できる。
　日本政策金融公庫でも「災害貸付」の枠で、各種制度融資限度額に加えて1災害あたり上乗せ3,000万円を認めている。

第5章　融資補完制度の活用

◆ 東日本大震災では3階建ての支援も

東日本大震災における支援は次のとおり。

(1) 保証協会関連

直接被害を受けた中小企業者に加え、全国的な震災被害者に対し、一般保証とは別枠で、セーフティーネット保証（5号）・災害関連保証と併せて、無担保1億6,000万円最大5億6,000万円まで利用可能。

(2) 日本政策金融公庫関連

震災直接被害関連・震災間接被害関連枠として、各融資制度ごとの融資限度額に6,000万円を加えた額を支援するほか、震災セーフティーネット関連枠として、別枠で4,800万円を用意している。

設備資金は15〜20年、運転資金は5〜15年と長期支援に対応している。金利も基準金利から最大1.4%マイナスと優遇幅も大きい。

以上のとおり、震災については直接・間接の被害者に加え、原発事故に係る災害区域に事業所を有していた場合や、特定被災区域外で特定被災区域内の事業者との取引関係により被害を受けた人も対象となる。

◆ 住宅金融支援機構や民間金融機関の支援融資

住宅金融支援機構の支援融資は、震災で被災した住宅を復旧するための建設・購入の場合、当初5年間は金利がゼロとなるなど、支援幅が大きい。融資限度額は、建設の場合最大で2,880万円（＝土地取得970万円＋建設1,460万円＋特別加算額450万円）である。なお、罹災証明書が必要となる。

また、こうした住宅や各種消費者ローンは震災地域民間金融機関にも品揃えがある。例えば、防災集団移転促進事業による住宅取得用のローンや復興支援ローンと称し「無担保住宅口」「マイカー口」「教育口」「生活支援口」と細かく支援をしている。

(1) 各種融資制度の活用

58 雇用の維持・促進を狙う特別な制度融資を探す

設例 横浜市の西部で個人経営の工務店を営むA氏はこのところ仕事の引き合いが増加傾向である。業界は職人が東北の復興に取られる傾向にあるなか、隣接市からも仕事が舞い込む。受注すれば確実に儲けは出るが、配下の職人数と睨めっこの状況だ。

そこで、担保や保証枠に余裕があるわけではないが、何とか求人を行い、多少の賃金上乗せでも人を雇いたいと考え、思い切って取引行のX信用組合に相談してみた。

X信組からはすぐ「市では建設業の雇用の特別融資保証がある」と電話があった。それまで日本政策金融公庫にも相談したが、通常の融資の提案に終わり躊躇していたのだ。A氏はさっそく融資申込を行い、結果的には満額が認められ、求人費と賃金改善に充当、新規に2人の採用が決められた。

着眼点 本例は時限的かつ地域的なものだが、地域金融機関が地域行政の施策を十分に研究し、時宜にかなった提案ができた。逆に言えばこうした特別の制度を活用して、このマーケットに切り込むこともできるから、絶えず事業者の意向と対応制度・商品の研究が重要となろう。

横浜市の特別な制度

横浜市では、経営安定資金（地域産業雇用支援特別）を設けている。対象は本市が指定する業種に属する中小企業者・協同組合（平成26年度指定業種は「建設業」）。資金使途は運転資金・設備資金、条件は融資額8,000万円以内（協同組合は1億円以内）、期間〜10年以内、年利〜1.4%以内、

146

横浜市信用保証協会保証付（保証料 0.45 ～ 1.90％）で、個人事業の場合保証人不要。

🐦 雇用の維持・促進という制度融資は意外に難度が高い

「雇用の維持・促進」といっても、実際のところ一般運転資金と変わらない。したがって、特別枠で制度融資を探す場合には、例えば既に雇用関係助成金を得ている企業向けなどと条件が付され、一般的なものはない。なお、日本政策金融公庫の特別貸付は「設備資金」に限定である（下記参照）。

そうなると、一般融資で対応することになるが、この場合、雇用というコストと効果の見合いで結果が出てくる融資であり、審査は業界の取り巻く環境から、個社の業況及び財務状況をしっかりと見極めていく必要があり、一般的には難しい。

むしろ福利厚生を充実させて従業員の定着を図るなど、設備・運営面からの資金需要には前向きに対応できるケースや事業の多角化などのアプローチから資金需要を探ることが一般的であろう。

🐦 日本政策金融公庫の雇用安定資金（特別貸付）

日本政策金融公庫では設備投資をすることによる雇用の創造に対し、以下のような条件で特別貸付枠を設けている。
① 利用者：a.（従業員 21 名以上）設備投資を行うことにより新たに 2 名以上の雇用が見込まれる方（特定業種または女性・30 歳未満の若者・60 歳以上の高齢者の場合は 1 名以上）、b.（従業員 20 名以下）同新たに 1 名以上の雇用が見込まれる方
② 使途：雇用増加が見込まれる設備を取得するために必要な設備資金
③ 限度額：一般貸付または振興事業貸付の融資額＋ 3,000 万円
④ 返済期間：15 年以内（据置期間は 1 ～ 2 年程度有）

(2) 他金融・保証機関とのタイアップ

59 流動資産担保融資保証や売掛債権早期現金化支援

設例 A社は建築用木材のプレカット業者として業績は順調である。大手ハウスメーカー3社からコンスタントに受注を得ているが、そのうちの1社でこの度大規模団地を開発する案件が出て受注が倍増するため、増加運転資金が必要な事態となった。金額は約1億円である。残念ながら、担保物件となるべきA社の事業所が山間部にあり、担保価値が見出せないとのことで、A社は主力のX銀行に相談した。
　相談を受けたX銀行は、不動産担保によらない在庫・売掛金担保の制度の利用を勧めた。この利用にあたって、X銀行より住宅建築業者に対して説明と協力要請を行い、「異議なき承諾」を得ることができた。これによりA社は約2カ月前倒しで売掛債権の現金化が図られ、受注にこぎつけた。

着眼点 担保となる売掛債権が官公庁を含む国内の優良事業者であれば、債権者の承諾・通知または債権譲渡の登記を前提として、本スキームは可能である。売掛債権の利用促進は国の施策であり、金融機関が的確に運用する責務があるのである。ただし、債権譲渡禁止特約がある場合は対象外となる。

基本的には流動資産担保融資保証制度として協会利用

　流動資産担保融資保証制度の対象者は中小企業者で売掛債権や在庫を担保として、借入限度は2億5,000万円、保証割合8割で保証限度額は2億円。保証料率は0.68%。
　譲渡担保の保全のため、在庫の譲渡については動産譲渡登記制度に基

づく登記が、売掛債権の譲渡については債権譲渡登記制度に基づく登記・売掛先への通知・売掛先の承諾のいずれかが、必要である。

東京都では「動産担保融資（ABL）制度」がスタート

東京都では、平成26年5月より車両・建設機械・工作機械・売掛債権・在庫等多様な動産や債権を担保に活用した事業資金の借入が可能となった。

担保の種類ごとにノウハウを持つ「専門機関」が動産や債権の評価等を行い、金融機関の融資をサポートする。また借入の際には中小企業が負担する経費（担保評価費用や保証料等）の一部を都が補助するものである。

これにより、従来は、債権は売掛金債権、割賦販売代金債権、運送料債権、診療報酬債権、その他の報酬債権、工事請負代金債権、在庫は製商品在庫、仕掛品、半製品、貯蔵品に限られていたが、担保となり得る対象が拡大されたのである。

その他の取扱い金融機関の動向はどうか

日本政策金融公庫では本例にかかる特段の融資制度はないが、在庫や売掛債権が担保として認められる場合には、無担保時の貸付利率よりも低い利率での融資を可能として対応している。

その他金融機関のプロパー融資の取扱いでは、一部の特定企業に限定しての取上げが見られるが、期中管理を行う必要があるため、在庫や売掛債権を定期的に報告が受けられる先に限定して実行している実態にある。

むしろノンバンクの一部に「売掛債権担保ローン」と称して、売掛債権担保融資には債権譲渡の登記を必須として、スピーディーに対応するところが出現している。

(2) 他金融・保証機関とのタイアップ

60 無担保・無保証という調達を引き出す仕組みと考え方

設例 埼玉県Ａ市工業団地の一角でＢ社は３年前に創業した。Ｃ社長が電機会社を早期退職し、自分の発明で売れる家電を作ろうと起業した会社である。Ｂ社の最初の製品「卓上ライト」はある程度売れたが、２作目の「電動ブラシ」は空振り。それまでは保守的なスタンスで融資も使わずに頑張ってきたが、実のところ、担保も保証人もあてがなかったのだ。

ところが、Ｂ社は創業時からＡ市商工会の会員で経営指導だけは受けていたので、その門戸を叩いたところ、日本政策金融公庫の経営改善資金（マル経）ならば、推薦で2,000万円まで無担保・無保証で引き出せるとの情報を得た。さっそく申し込み、満額の500万円で決定。その資金で第３作目「ソーラー充電器」が大ヒットとなり、現在は年商７億円、地銀２行からプロパー資金も出ている状況にある。

着眼点 創業資金ならともかく、無担保・無保証の融資は実は難易度が高い。大企業や逆に個人事業主ならば制度としてあるが、中小企業の場合は代表者の保証は当たり前の感がある。金融機関としては企業のニーズである無担保・無保証の道について、条件面を含め、研究しておく必要がある。

無担保・無保証ならば日本政策金融公庫でまず検討

日本政策金融公庫では新創業融資制度に代表されるように無担保・無保証が多い。「創業」では原則代表者個人には責任が及ばないものとしているが、希望すれば代表者（これは実質的な経営者や共同経営者を含む）

が連帯保証人になることも可能で、その場合は金利が0.1％減免される。また、その他税務申告を2期以上行っていれば担保不要とする制度もある。

保証協会付き融資でも無担保・無保証の制度はある

　保証協会付融資でも、一般的には「小規模零細企業・事業者」で無担保・無保証がある。

　条件としては、①常時使用する従業員の数が20人（商業、サービス業は5人以下）以下の方、②保証協会付の残高が1,250万円以下（当該融資を含む）、③税金を完納していること、が大体の共通項となる。

　金額限度は1,250万円、融資期間は運転7年以内・設備10年以内（据置6月含）が各地区保証協会条件である。

　一方、個人事業者は無保証ながら、法人は法人代表者の保証を要求されるのが通常である。ただし何年も事業を営み、決算状況が極めて良好で、中小企業ながら経営と所有の分離がなされているような体裁の法人企業ならば、保証協会保証付の場合には「無保証」の可能性がある。

　なお、創業の場合では、①必要資金の2分の1は自己資金を現金で準備可能、②資格や事業内容のキャリアが一定期間ある、に該当しない状況では、金額次第で「無担保」は可能でも、「無保証」は引き出せない可能性が高い。

プロパー扱いの融資のほうが弾力的に対応できる

　そもそも制度金融では、信用保険法適用の観点や地方公共団体諸規定の要件から保全面には一定の手当てが必要となる。一方プロパー融資では大企業・中堅企業向け融資はほとんどが無担保・無保証である。信用貸しでは厳格な審査を経て実行するが、その背景には本人や経営者・株主一族の資産能力が判明し、いざという時でもそれらが担保・保証に匹敵するとの判断がある。長年の取引歴がものをいうのである。

(2) 他金融・保証機関とのタイアップ

61 不動産担保金融は専業会社が比較的迅速かつ融通がきく

> **設例** 不動産事業では個人事業主のA氏は、そのほかの実業会社のオーナー等を兼務し、年収は3,000万円程度ある富裕層。年齢はまだ51歳であり、最近では不動産価格の上昇を見込み、1棟アパート等の賃貸不動産を中心に、銀行借入で積極的に資産形成中であった。
>
> 今回も不動産会社の薦めで、利回りのよい店舗・事務所系賃貸用不動産の購入を検討し、主力X銀行への持込みをしていたが、今般の物件は築年数が古くローン期間が6年程度になると判断されたため、A氏は難色を示した。
>
> そこでX銀行では、傍系の不動産担保金融会社Y社を紹介し、中長期のローンにするスキームを提案してきた。A氏は当該物件では、15年程度の保有期間の後に更地にして売却を検討していたので、その対応期間の融資が使えるならばと、Y社での調達を決めた。

着眼点 主力行が、融資案件をあえて傍系ながら不動産担保専業金融会社へ振った例であるが、債務者の収入・資力を総合的に判断し、担保不動産の価格、案件決定までの迅速さ、幅広い資金使途の点から「問題なし」と判断したものと考える。こうした融通をきかせた対応も時に必要なことである。

🔍 不動産担保金融会社の審査判断はキャッシュフロー

不動産担保金融は物件担保価格を重視するが、最終審査のポイントは「キャッシュフロー」にある。つまり、A氏の総合所得から、ある程度のローン期間があって資金繰りが十分順ザヤに回ることが判明すれば、

担保査定に優先し、審査を通すのである。一方A氏としても、金利の高さ等の要素よりこの「キャッシュフローの妙味」で決定するのである。

不動産担保金融は使い方次第で大きなメリットが

本書において、他社不動産担保金融の紹介はやや違和感を与えるかもしれないが、傍系の金融会社の紹介の意義を含め「債務者へのベストな金融提案をする」との観点でご理解いただきたい。商品からの活用のシーンは、前出の不動産事業のほか、次のとおりである。

① 商売の運転資金等に一時的・随時に活用
② 短期事業資金での活用（年4%台の金利ながら利用価値有）
③ （富裕層）個人の幅広いフリーな資金使途に活用
④ 不動産売却までのつなぎローンとして活用
⑤ 不動産業の戸建建売分譲事業や宅地開発等に活用（第53項の変形）
⑥ フラット35融資実行までのつなぎ資金として活用

以上のような資金使途で、かつ債務者に返済能力が認められれば、審査スピードと融通がきく点で、債務者に大きなメリットがある。なお、返済年限は最長35年程度のものがあり、使い勝手には優れている。

留意点は高金利の他、各種手数料や負担があること

前出のローンでは、大体以下のようなコスト（負担）がある。
① 金利：適用年率は変動金利型で年4%台（短期プライム+αで決定）
② ローン手数料→融資金額の1.5%～2%台
③ 解約手数料：期限前返済の場合の違約金として償還元金の約2%
④ 担保：不動産物件等に第一順位の抵当権を付されるほか、建物には長期火災保険を付保し、火災保険金請求権に質権設定
⑤ 団体信用生命保険：通常は加入できない

(2) 他金融・保証機関とのタイアップ

62 前向き・後向きの一時資金にはビジネスローン

> **設例** 都内の輸入食品販売業Ａ社はこのところの円安で利益が低迷傾向である。恒常的な外為資金決済のために保証協会保証限度いっぱいの無担保融資が何本か出ているが、新しい資金需要が出た際には場つなぎ的融資に頼らざるをえない。
>
> そんな時、JRの駅ナカでの販売権が複数個所で取れ、1,000万円の仕入資金需要が発生した。収益性のよい商売の案件にぜひ取り組みたいと考えたが、資金調達が障壁となっていた。
>
> 主力Ｘ行はこうした資金需要への迅速対応を得意とし、担当者Ｙは「短期資金需要で、収益性が確実に見込まれれば、ビジネスローンで対応可能」と伝えた。Ａ社は条件面を判断し、十分に調達の勝算があると見たため利用を決定。約半年後、当プロジェクトは大きな収益を収めるに至った。

着眼点 資金使途が妥当でありかつ案件に確実性があるならば、金利等の条件より「迅速決定」のほうに大きな利用価値を見出してもらえる。企業体力と業況を判断し、特段の問題がなければ、融資提案メニューに入れるべきである。収益性が高く、金融機関側のメリットも大きい。

💡 ビジネスローンにもいくつかの種類があり使い分けを

ビジネスローンは、業態別に「銀行」と「ノンバンク」系があり、融資額に応じ「一般」と「スモール」がある。業態別では金利差が歴然で、前者は1〜9％、後者は8〜18％程度、一般よりスモールの方が3〜5ポイント程度高い。審査はスコアリング中心だが、銀行系のほうが難度

が高い。

ビジネスローンは、こうした特性を捉え、弾力的に利用するならば、非常に使い勝手がいい調達方法となろう。

ビジネスローンの条件・特性

① 担保は、原則無担保扱い、ただし金額が大きくなる場合には必要となることもある。
② 保証人は、個人の場合は後継者や親族1名(まれに第三者を要求するところがある)、法人の場合は代表者1名というところが大半。
③ 融資期間は、1カ月～最長5年以内(設備の場合は7年以内)。
④ 資格は、特に銀行系の場合、明確に以下の要件を示すところが多い。ア.業歴2年以上で2期間の決算書(青色)提出、イ.債務超過ではないこと、ウ.取引店まで来店が可能なこと、エ.申込時点で税金の未納がないことなど、良質取引先獲得の意向が感じられる。
⑤ ノンバンク系には、事務取扱手数料や繰上返済手数料を要求されることが多い(手数料がない場合には、金利に織り込まれる)。

以上のように、取扱機関により微妙な違いがあるが、自行の取扱いを十分研究することで、他行・他社との相違点が明確となる。主な使い道が「短期資金」「つなぎ資金」であるために、特に決定までの迅速性は商品の品質に属する事柄として、一層の理解が求められる。

一定要件下で、優遇条件が付与されることも理解する

取引行との取引振りで金額・金利等に優遇が付与されることもある。また、東京商工会議所会員で会費を完納している場合は、「東京商工会議所メンバーズビジネスローン」として、各銀行のビジネスローンが、①融資限度額拡大、②融資期間延長、③金利優遇、④各種手数料が無料ないし一部減免、となる提携をしているケースがある。

(2) 他金融・保証機関とのタイアップ

63 ファクタリングで資金回収と与信枠捻出を両立する手法

> **設例** 半年前に資本金300万円で設立したA社は宿泊付通所介護施設。改修民家を借上げ、車両や備品等を調達し開所に至ったが、小規模のアットホームな造りと宿泊需要に予想以上の反響で、稼働率は2カ月目でほぼ100%となった。ところがA社では健全性を重視し借入を極力抑えたため、資本金はほぼ備品調達に費消してしまい、流動性資金が枯渇気味であった。
> 　X信金では介護保険回収金を早期化する提案として「ファクタリング」の利用を勧めていた。そこに新たな場所での開設案件が生じ、これには借入金が必要な状況であった。
> 　そのため、A社ではX信金の提案を受け入れ、新規案件のほうの設備資金と運転資金の両方の審査をお願いすることとした。これまで無借金であったことが奏功し、満額での回答となったのである。

着眼点　運転資金の本質は立替部分の現金回収であるが、借入によらずに「ファクタリング」を使用することにより、財務上の与信枠を残す考え方もある。ある程度の収益力があれば、ファクタリングで現預金を厚くし、借入の支払金利を圧縮させ、かつ来たるべき別の資金需要に備えるのである。

● ファクタリングは金融機関の周辺業務の位置付け

　銀行法に定めのない周辺業務として「ファクタリング」がある。現在は子会社等を通じ、同機能を提供しているが、融資を売るための手段として、業種に応じ、場合により活用していくことを検討したい。

借入金は、経常的に調達した場合、金利が経常的にコスト付加される。そのため、損益計算面や財務構成上では、借入金への単純依存は避けるべきであろう。

導入提案には収益性があることの見極めが必要

「ファクタリング」導入のメリットには、次の3点が見込まれる。
① 債権オフバランス化：B/S がスリムになり資金管理も効率化
② キャッシュフロー改善：資金繰りに余裕が出て事業に専念可能
③ 買戻し不要：償還請求権はなく、決済リスクを回避できる

これにより、例えば製造業でも「販売先からの回収サイトが長く、資金繰りが改善されない」ようなケースにおいて、買取りファクタリングが有効となる企業は多い。よって金融機関では提案価値が大きい。

ただし、ある程度の「収益力」がないと導入の合理性は見出せない。つまり、将来の与信枠確保というニーズがあっても、ファクタリングを使い売上回収に含む利益を手数料支払等のコストで赤字化してしまえば本末転倒で、与信枠確保等の目的には完全に逆行するからである。よって提案は業種や業績内容を十分に吟味しメリットを想定すべきである。

介護保険報酬は国の制度で、ファクタリングが使える

現行の介護保険制度は、国民健康保険団体連合会（国保連）から介護報酬を受取るまで約2カ月かかり、事業ではその間にかかる人件費等を別途調達しなければならない。ここに借入金需要が認められる。

こうした業態の特徴を把握すれば、資金調達手段の提案は当該企業にとって有意義で、介護業界には「ファクタリング」は極めて有効である。

その中で、あるリース会社が提供する「介護報酬ファクタリングサービス」は、新規介護業法人にも十分対応しており、コスト面も競争力を有する。介護業界向けに特化した良質商品として、金融機関からでも十分に提案価値が認められる。

(2) 他金融・保証機関とのタイアップ

64 法人クレジットカードによる経費事務と資金調達効率化例

> **設例** A社は急成長のコンサルティング会社。相続を専門とし、保険代理業やFP業務で今や海外にもネットワークを有する。社員は非常勤の契約社員を含め先月で100名を突破した。業績は順調ながら、バックヤードの経理業務が重く、特に最近の課題は出張経費や交際費の前払いを含めた精算事務が遅れ気味であることだった。人事経営会議で、メインX銀行から招聘したY役員より、クレジットカード導入の提言があった。
>
> 法人クレジットカードを全社員に保有させることには多少の懸念はあったが、間接人員を最小化するためには避けられないと判断した。導入後、予想もしなかった各事業所の運転資金調達の整理ができ、経費節減という副次的効果を発揮するに至ったのである。

着眼点 出張や接待等の経費の仮払い・立替精算負担が大きい伸び盛りの企業には、他行に先駆け、いち早く経費効率化提案としてアプローチすべき。本例では、事務効率化につながったことに加え、分散していた運転資金調達の整理統合による融資ボリュームアップが引き出せた。

💣 金融機関に期待するのは全ての「効率化」である

　法人クレジットカードは、あらゆる業種・規模にかかわらず必要と思われる先に提案すべきである。個人事業主でも公私の区別をつけるために必要で、事務の効率性は高い。さらなる狙いは決済口座の活性化で、そこに運転資金調達という貸出を一本化してセットし効率化を図ることである。設例でも簡単に触れたとおり、各地の銀行で調達していた経費

用運転資金を、本社取引銀行であるX行口座における貸出に一本化できている。

🐦 導入後のメリット（○）・デメリット（×）を認識する

○　現金出納という事務が一挙になくなる
　　特に前払いという煩わしい事務がなくなり、従業員もあらかじめ現金の準備という時間を取られる業務が省け、営業に没頭できる。
○　経理事務が大幅に効率化される
　　利用状況は毎月発行される利用明細に一覧で記載されるため、経理事務は費目の仕分け程度となり、経理業務時間が大幅に削減され、人件費も節約できる。
○　キャッシュフローに余裕ができる（支払いの一本化）
　　小口現金の準備が不要になることに加え、使用日から決済日まで最長2カ月間程度の支払猶予で、支払金利の削減にもつながる。さらに振込手数料も不要で、通常の振込決済に比べ大幅コストカットとなる。
×　年会費負担がある
　　使用有無にかかわらず、年数千円（×枚数分）の負担が一般的（ただし上記諸効果を勘案すれば、気になる負担とはいえない。）
×　紛失・落失の危険や、そもそも不正使用のおそれが内在する
　　保険でカバーされるとはいえ、多数の法人従業員に使用させるには、不正や過剰な使用等の一定のリスクを覚悟する必要がある。

🐦 大きな副次的効果は「経費自体の節減」である

　使用後に利用状況が一覧化されるから、これを管理に使用し全従業員に知らしめることで、全員が「節約」に心掛け、経費総額が減少するという効果がある。これは本例の目的ではないが、これまで導入後にしばしば出る現象であり、無視はできない嬉しい効果となっている。

(2) 他金融・保証機関とのタイアップ

65 リースの低料率性を見直した大規模投資の可能性を追求

設例 X信金では取引先の設備投資のアンケート調査を行い、リースを併用した融資増強キャンペーンを展開している。信金では大規模投資が重なる場合、非会員では融資限度額に触れ対応できない場合があるからだ。

A社は区内に5店舗を持つ食品スーパーで、この度オフコンとPOSの新規導入にあたり、総額6,000万円程度の投資案件が出た。全額では保全面でやや担保不足となるため、親密リース会社と連携し、財団法人全国中小企業情報化促進センター（当時）の「コンピュータ等IT機器の低料率リース制度」を提案、POSレジ部分をリースで調達し、その他本部システム部分について、既存担保範囲内でプロパー融資対応した。このシェアアップにより融資順位を上げ、準主力取引を確立できたのである（現在、上記制度の取扱いはない）。

着眼点 リースの低料率制度や補助制度に着眼し、全体投資の実現に自店融資を組み込む提案の好例である。投資の動機付けに「低料率のリース」を訴求することは極めて有効で、本例のように与信枠や担保枠をクリアする手段としても、リースは有効に位置付けられる。

「融資限度」という壁をクリアするための手法として

信金では、特に非会員の場合「融資限度」という壁があることや、1社当たりの与信限度が比較的厳格であり、大規模設備には常に「リース」の併用を頭に入れて交渉に臨むことが肝要である。

リース料の口座振替や融資返済パイプによる流動性預金の増強は、収

益面にも大きく寄与され、業容も含めたシェアアップにつながることは確実である。

🖐 リース導入への優遇制度の研究により、アピールを

融資交渉において、現在、提案・活用ができる制度を紹介しよう。金融機関はこうした制度の最新動向を常に把握しておきたい。

(1) 家庭・事業者向けエコリース促進事業補助金制度

省エネ性能に優れた低炭素機器の普及を促進することによって、地球環境の保全に資するため、低炭素機器をリースにより提供する事業者に対して補助金を交付する事業であり、環境省が展開している。環境省から認定を受けた機器をリース契約した場合、リース料の3%（被災地域の場合10%）が補助される。

(2) 先端設備等導入促進補償制度

リースを活用して先端設備等を導入しようとする民間事業者に対し、二次利用価値（リース期間満了後にリース物件の売却等により回収を見込んでいる金額）を差し引いた金額でリースを受けられる制度がある。

🖐 企業属性によっては金融金利をはるかに下回ることも

最近の恒常的な低金利局面において、一部リース会社ではマイナス金利でのリース料設定もあると聞いており、従来の「金融に乗らない取引手段がリース」との観念は全く誤りである。

むしろ積極的に導入を提案し、与信審査面から調達の分散を検討するとともに、「大きな投資」を能動的に提案するツールとして各種制度をフル活用するとの考え方は、今や必須の推進手法となろう。

上記（1）では、調達しようとする省エネ機器があれば、能動的に機械販社と連携し、補助対象機器認定を取得するような動きをとるべきである。

(2) 他金融・保証機関とのタイアップ

66 少人数私募債など中小企業も「社債」という選択の時代

設例 ベンチャー企業のA社は特殊な口腔ケア製品の開発に成功し、来るべき高齢化社会に向けた増産体制を築くために3,000万円の設備・運転資金の調達を計画した。金融機関に打診する前に、幸い開発に携わったメンバーや学会、医学・福祉業界など30名から各100万円の募集（5年期限一括返済、金利5％）に応じてもらえることになり、少人数私募債で調達することに決定した。それと同時に、創業時に代表者が会社へ貸付していた2,000万円も、財務の健全化の観点から一部1,000万円を資本金に振り替え、残1,000万円をこの私募債に振り替えることとした。

その結果、無担保・無保証で5年の安定資金が調達できたことに加え、財務が健全化（＝資本充実）したことによるX取引銀行の格付を上げることにも成功した。

着眼点 金融機関から融資が受け難い場合の資金調達手段として、かつ資金繰りを安定させるための手法としての少人数私募債の活用例。税務上の各種メリットや、最近では各自治体による助成制度も出ており、金融機関から提案すべき調達手段として、クローズアップされている。

少人数私募債の概要

少人数私募債の概要は次のとおり。①法人であれば発行可能、②投資家の数は50人未満、③発行金額は1億円未満（ただし発行総額を一口の最低金額で除して50を下回ること）、④元金一括償還可、⑤利息後払い可、⑥無担保・無保証可、⑦届出・開示は不要、⑨募集の対象者は経営者個

人をはじめ親族・知人・取引先等の縁故者を主とし発行後に第三者への譲渡を予定しない、等である。

発行のメリットを大きく活用する

私募債は資金繰り安定に資することに加え、下記の各種メリットがある。

(1) 税務上のメリット

増資による資金調達の配当金は課税後利益の配当の処分になるため損金算入は不可ながら、社債利払いは損金算入可である。

また経営者が会社に資金を貸し付けて利息を受け取っている場合、貸付金の受取利息は総合課税の対象ながら、社債からの利息は20.315%（復興特別所得税を含む）の源泉徴収で完結する。

(2) 経営者における戦略的活用

高収益の企業経営者についての役員給与を増やす（法人税節税）ことに代えて少人数私募債を発行することで、法人税を節税しつつ個人の所得税負担を軽減することが可能。よって、会社に役員借入が相当程度ある場合、役員給与を増額する前に少人数私募債を検討すべきである（ただし、税制改正により同族会社役員は「源泉分離課税」から「申告分離課税」へ変更が予定されており、経過措置を含めて十分調査・検討の必要あり）。

(3) 各自治体による助成制度

助成制度はまだ本格的ではないが、社債利子補助が主である（東京都文京区は2003年度から実施、その他埼玉県川口市など続々拡大中）。

少人数私募債発行企業の責務とは

自社や経営者を信頼し資金を提供してくれた人を裏切らないためにも、発行に際しては「確実な事業計画と定期的な報告」が必要。さらに返済計画は、一括償還といえども「償還財源の計画的な蓄積」は必須となろう。

〈著者略歴〉

林　弘明（はやし　ひろあき）
　昭和22年神奈川県鎌倉市生まれ。明治大学商学部卒業。公認不動産コンサルティングマスター（5）2329号。株式会社ハート財産パートナーズ代表取締役。株式会社週刊住宅新聞社取締役。不動産実務コンサルタント、不動産の権利調整・整理とその展開ビジネスの専門家として第一線で活躍中。主な著書として、「イラストで学ぶ営業ノウハウ不動産コンサルティング実践入門」、「海外不動産投資－5年で5倍儲ける法－」（いずれも週刊住宅新聞社）他多数。

石田　泰一（いしだ　やすかず）
　東京都生まれ。メガバンク部店長職から大手不動産会社アセットマネジメント職を経て、金融・不動産コンサルティング会社をはじめとする各種事業会社を経営。レイスマネジメントソリューションズ株式会社所属経営顧問、株式会社ハート財産パートナーズ不動産活用事業部顧問を兼務。

事例に見る融資ネタ発見の着眼点　〈検印省略〉

平成26年10月15日　初版発行
　1刷　平成26年10月15日
　3刷　平成28年8月26日

著　者	林　弘明 石田　泰一
発行者	土師　清次郎
発行所	株式会社　銀行研修社 東京都豊島区北大塚3丁目10番5号 電話　東京03（3949）4101（代表） 振替　00120-4-8604番 郵便番号　〒170-8640

印刷／株式会社木元省美堂
製本／山田製本紙工所
落丁・乱丁本はおとりかえ致します。ISBN978-4-7657-4449-2　C2033
2014 ©林弘明／石田泰一 Printed in Japan　無断複写複製を禁じます。
★　定価はカバーに表示してあります。

謹告　本書掲載記事の全部または一部の複写、複製、転記載および磁気または光記録媒体への入力等は法律で禁じられています。これらの許諾については弊社・秘書室（TEL03-3949-4150直通）までご照会下さい。